四特 教育系列丛书 SITEJIAOYUXILIECONGSHU

U3724195

语言写作指导

《"四特"教育系列丛书》编委会　编著

吉林出版集团股份有限公司
全国百佳图书出版单位

图书在版编目（CIP）数据

语言写作指导／《"四特"教育系列丛书》编委会编著．
—长春：吉林出版集团股份有限公司，2012.4
（"四特"教育系列丛书／庄文中等主编．学生阅读与
作文方法指导）
ISBN 978-7-5463-8702-4

I. ①语… Ⅱ. ①四… Ⅲ. ①作文课－中小学－教学参考
资料 Ⅳ. ① G634.343

中国版本图书馆 CIP 数据核字（2012）第 044001 号

语言写作指导
YUYAN XIEZUO ZHIDAO

出　版　人	吴　强	
责任编辑	朱子玉　杨　帆	
开　　本	690mm×960mm　1/16	
字　　数	250 千字	
印　　张	13	
版　　次	2012 年 4 月第 1 版	
印　　次	2023 年 2 月第 3 次印刷	

出　　版	吉林出版集团股份有限公司
发　　行	吉林音像出版社有限责任公司
地　　址	长春市南关区福祉大路 5788 号
电　　话	0431-81629667
印　　刷	三河市燕春印务有限公司

ISBN 978-7-5463-8702-4　　　　定价：39.80 元

前　言

　　学校教育是人一生中所受教育最重要组成部分,个人在学校里接受计划性的指导,系统地学习文化知识、社会规范、道德准则和价值观念。学校教育从某种意义上讲,决定着个人社会化的水平和性质,是个体社会化的重要基地。知识经济时代要求社会尊师重教,学校教育越来越受重视,在社会中起到举足轻重的作用。

　　"四特教育系列丛书"以"特定对象、特别对待、特殊方法、特例分析"为宗旨,立足学校教育与管理,理论结合实践,集多位教育界专家、学者以及一线校长、老师们的教育成果与经验于一体,围绕困扰学校、领导、教师、学生的教育难题,集思广益,多方借鉴,力求全面彻底解决。

　　本辑为"四特教育系列丛书"之《学生阅读与作文方法指导》。

　　阅读能力被著名教育家苏霍姆林斯基称之为学习技能的五把刀子之一,它不仅是语文学习能力的主要构成因素,也是训练学生的表达能力的重要途径,还是一切智力活动的基础。因此,有效阅读一直就是语文教学的核心,要提高语文能力,提升语文素养,必须加强有效阅读。

　　作文是人们交流思想和社会交际的重要工具。生活在现实社会里,无论你从事什么行业,都离不开写作,写作是人类生活的基本工具,是每一个社会成员搞好各项工作必须应具备的一种起码素质。本书从肖像、语言、行动、心理、场面、景物、静态、状物、抒情和话题等方面,为广大青少年提供了实际指导和范文阅读,使大家不仅可以学到作文的知识,还能感受到好词好句好段中所蕴含的优美意境,能够受到精神的陶冶。

　　本辑共20分册,具体内容如下:

　　1.《肖像描写阅读指导》

　　肖像描写即描绘人物的面貌特征,它包括人物的身材、容貌、服饰、打扮以及表情、仪态、风度、习惯性特点等。肖像描写的目的是以"形"传"神",刻画人物的性格特征,反映人物的内心世界。描是描绘,写是摹写。描写就是用生动形象的语言,把人物或景物的状态具体地描绘出来。这是一般记叙文和文学写作常用的表达方法。本书针对学生如何高效阅读肖像描写类文章进行了系统而深入的分析和探讨,并给予了切实的指导,对中小学生颇有启发意义。

　　2.《语言描写阅读指导》

　　语言描写是塑造人物形象的重要手段。成功的语言描写总是鲜明地展示人物的性格,生动地表现人物的思想感情,深刻地反映人物的内心世界,使读者"如闻其声,如见其人",获得深刻的印象。本书针对学生如何高效阅读语言描写类文章进行了系统而深入的分析和探讨,并给予了切实的指导,对中小学生颇有启发意义。

　　3.《行动描写阅读指导》

　　行动描写是刻画人物的手法之一,是塑造人物的主要手段。行动是人物思想性格的直接表现,因此,人物的行动描写就要善于抓住人物具有特征性的动作,从而展示人物的精神面貌,反映人物的性格特征,塑造出个性鲜明的人物形象。本书针对学生如何高效阅读行动描写类文章进行了系统而深入的分析和探讨,并给予了切实的指导,对中小学生颇有启发意义。

4.《心理描写阅读指导》

心理描写是指在文章中,对人物在一定的环境中的心理状态、精神面貌和内心活动进行的描写。是作文中表现人物性格品质的一种方法。最常用的是描写人物的内心独白,写出人物的所思所想,让人物一无遮掩地吐露自己的心声,说出他的欢乐和悲伤、矛盾和愁郁、忧虑和希望,使读者穿透人物外表,看到人物的内心世界。本书针对学生如何高效阅读心理描写类文章进行了系统而深入的分析和探讨,并给予了切实的指导,对中小学生颇有启发意义。

5.《场面描写阅读指导》

场面描写,就是对一个特定的时间与地点内许多人物活动的总体情况的描写。它往往是叙述、描写、抒情等表述方法的综合运用,是自然景色、社会环境、人物活动等描写对象的集中表现。场面描写要表现出一种特定的气氛要综合运用记叙、描写、抒情、议论等表达手段,以及映衬、象征等多种手法,这样才能使场面变成一幅生动而充满感染力的图画。本书针对学生如何高效阅读场面描写类文章进行了系统而深入的分析和探讨,并给予了切实的指导,对中小学生颇有启发意义。

6.《景物描写阅读指导》

景物描写,是指对自然环境和社会环境中的风景、物体的描写。景物描写主要是为了显示人物活动的环境,使读者身临其境。本书针对学生如何高效阅读景物描写类文章进行了系统而深入的分析和探讨,并给予了切实的指导,对中小学生颇有启发意义。本书不仅提供了学生有效阅读同范文,还提供了相应的阅读把握方法等,具有很强的系统性、实用性、实践性和指导性。

7.《风俗描写阅读指导》

风俗习惯指个人或集体的传统风尚、礼节、习性。是特定社会文化区域内历代人们共同遵守的行为模式或规范。风俗由于一种历史形成的,它对社会成员有一种非常强烈的行为制约作用。风俗描写主要包括民族风俗、节日习俗、传统礼仪等等。本书针对学生如何高效阅读风俗描写类文章进行了系统而深入的分析和探讨,并给予了切实的指导,对中小学生颇有启发意义。

8.《记叙文阅读指导》

阅读记叙文必须注意把握文章的基本要素,理清记叙的顺序以及线索,准确理解记叙中的描写议论和抒情。只有这样,才能从整体上全面把握记叙文的内容,理解作者的写作意图和文章所反映的中心思想。本书针对学生如何高效阅读记叙文进行了系统而深入的分析和探讨,并给予了切实的指导,对中小学生颇有启发意义。

9.《抒情散文阅读指导》

抒情散文主要是抒发作者对现实生活的感受、激情和意愿。抒情散文抒发的是怎样的感情,如何抒发,都与文章揭示的思想意义是否深广有极大的关系。本书针对学生如何高效阅读抒情散文进行了系统而深入的分析和探讨，并给予了切实的指导，对中小学生颇有启发意义。本书不仅提供了学生有效阅读同范文，还提供了相应的阅读把握方法等，具有很强的系统性、实用性、实践性和指导性。

10.《话题性范文阅读指导》

话题性文章一般与学生的生活实际联系的最紧密，学生应该有话可写。但由于话题比较宽泛，要出采也不容易。写作的关键在于把话题转化，或化大为小，或化抽象为具体。本书针对学生如何高效阅读话题性文章进行了系统而深入的分析和探讨，并给予了切实的指导，对中小学生颇有启发意义。

11.《肖像写作指导》

肖像描写即描绘人物的面貌特征，它包括人物的身材、容貌、服饰、打扮以及表情、仪态、风度、习惯性特点等。肖像描写的目的是以"形"传"神"，刻画人物的性格特征，反映人物的内心世界。描是描绘，写是摹写。描写就是用生动形象的语言，把人物或景物的状态具体地描绘出来。本书针对学生如何提高肖像描写类作文写作水平进行了系统而深入的分析和探讨，并给予了切实的指导，对中小学生颇有启发意义。

12.《语言写作指导》

语言描写是塑造人物形象的重要手段。成功的语言描写总是鲜明地展示人物的性格，生动地表现人物的思想感情，深刻地反映人物的内心世界，使读者"如闻其声，如见其人"，获得深刻的印象。本书针对学生如何提高语言描写类作文写作水平进行了系统而深入的分析和探讨，并给予了切实的指导，对中小学生颇有启发意义。

13.《行动写作指导》

行动描写是刻画人物的手法之一，是塑造人物的主要手段。行动是人物思想性格的直接表现，因此，人物的行动描写就要善于抓住人物具有特征性的动作，从而展示人物的精神面貌，反映人物的性格特征，塑造出个性鲜明的人物形象。本书针对学生如何提高行动描写类作文写作水平进行了系统而深入的分析和探讨，并给予了切实的指导，对中小学生颇有启发意义。

14.《心理写作指导》

心理描写是指在文章中，对人物在一定的环境中的心理状态、精神面貌和内心活动进行的描写。是作文中表现人物性格品质的一种方法。最常用的是描写人物的内心独白，写出人物的所思所想，让人物一无遮掩地吐露自己的心声，说出他的欢乐和悲伤、矛盾和愁郁、忧虑和希望，使读者穿透人物外表，看到人物的内心世界。本书针对学生如何提高心理描写类作文写作水平进行了系统而深入的分析和探讨，并给予了切实的指导，对中小学生颇有启发意义。

15.《场面写作指导》

场面描写，就是对一个特定的时间与地点内许多人物活动的总体情况的描写。它往往是叙述、描写、抒情等表述方法的综合运用，是自然景色、社会环境、人物活动等描写对象的集中表现。场面描写要表现出一种特定的气氛要综合运用记叙、描写、抒情、议论等表达手段，以及映衬、象征等多种手法，这样才能使场面变成一幅生动而充满感染力的图画。本书针对学生如何提高场面描写类作文写作水平进行了系统而深入的分析和探讨,并给予了切实的指导,对中小学生颇有启发意义。

16.《景物写作指导》

景物描写,是指对自然环境和社会环境中的风景、物体的描写。景物描写主要是为了显示人物活动的环境,使读者身临其境。本书针对学生如何提高景物描写类作文写作水平进行了系统而深入的分析和探讨,并给予了切实的指导,对中小学生颇有启发意义。本书除了提供各种作文的方法外,还提供了大量的好词、好段、好句供广大学生作文时参考借鉴,因此具有很强的系统性、实用性、实践性和指导性。

17.《静态写作指导》

在写物的静态时,我们要尽量去发掘这一静物的动态。如果我们要状写这些不可能有动态的物,那么,我们要去发现他们的质感和有活力的部分。如果我们抓住这些来写,那么,那些静静躺在盘子里,平平睡在盒子里的东西也会生出许多引人的魅力来。总之,我们写物的静态时,要尽量找些鲜活的因素来描上几笔,而且,这几笔往往是最最传神的。本书针对学生如何提高静态描写类作文写作水平进行了系统而深入的分析和探讨,并给予了切实的指导,对中小学生颇有启发意义。

18.《状物写作指导》

状物类作文,以"物"为描述的中心和文章的线索,或寓情于物,或托物言志,融知识性与趣味性于一体,表达文章的题旨。这是学生喜闻乐见的一种写作形式。因此,加强状物类作文的指导,既是学生的一种心理需求,也是新的课程标准的目标之一。本书针对学生如何提高状物类作文写作水平进行了系统而深入的分析和探讨,并给予了切实的指导,对中小学生颇有启发意义。

19.《抒情写作指导》

写抒情散文,重在"情"字。一篇文章要打动读者的感情,作者首先要自己动感情,把感情融注到字里行间。作家魏巍说过:"写好一篇东西,能打动人心,就要把心捧给读者。"把心捧给读者,就是要吐真情,有真意,让情真意切的行文去感动读者。本书针对学生如何提高抒情散文写作水平进行了系统而深入的分析和探讨,并给予了切实的指导,对中小学生颇有启发意义。

20.《话题写作指导》

要想写好话题作文,除了审题命题外,要注意选择自己最熟悉的事情,用自己真实的感情,另外还要选择自己应用得最拿手的文体,需要注意的是,话题作文也要注意体裁的确定,虽然作文的要求是让你自由选择文体,但是你一旦选择了某种文体,就一定要体现这种文体的特点,切不可写成四不象的作文来。总之,话题作文的写作给了你发挥自己写作优势的天地,只要选择自己最擅长的去写,你就会取得不错的成绩。本书针对学生如何提高话题作文写作水平进行了系统而深入的分析和探讨,并给予了切实的指导,对中小学生颇有启发意义。

由于时间、经验的关系,本书在编写等方面,必定存在不足和错误之处,衷心希望各界读者、一线教师及教育界人士批评指正。

编者

目　录

第一章

语言写作指导

1. 什么叫语言描写

语言描写是塑造人物形象的重要手段。成功的语言描写总是鲜明地展示人物的性格，生动地表现人物的思想感情，深刻地反映人物的内心世界，使读者"如闻其声，如见其人"，获得深刻的印象。语言描写包括人物的独白和对话。独白是反映人物心理活动的重要手段；对话可以是两个人的对话，也可以是几个人的相互交谈。描写人物的语言，不但要求作到个性化，而且还要体现出人物说话的艺术性。

"言为心声"，不同思想，不同经历，不同地位，不同性格的人，其语言也是不同的。鲁迅曾说过："如果删掉了不必要之点，只摘出各人的有特色的谈话来，我想，就可以使别人从谈话里推荐每个说话的人物。"能够让读者从"各人有特色的谈话"中来"推荐每个说话人"，这便是成功的语言描写。

2. 语言描写的特点

文学是语言的艺术，文学作品是以语言为工具来反映生活的，语言是作者塑造形象的最基本的物质材料。因此，高尔基说："文学的第一要素是语言"。

文学作品中的语言，包括两个方面：人物的语言和叙述人的语言。我们这里所说的语言描写，是指文学作品中人物语言的描写。人物语言包括独白、对话。独白是没有对方时人物的自言自语，或者是篇幅较长而不被对方打断的讲话。对话是两个人的对答，或者是几个人的互相交谈。

人物语言是文学作品的一个组成部分，是塑造形象的一个重要手段。古人说"言为心声"，语言是表达人物思想感情的工具，是展示人物性格特征的镜子，是袒露人物内心世界的窗户。

（1）语言描写反映人物的心理活动

想到直接体现，读者应该从人物独白中清楚地看到人物内心深处的真情实感，行为的动机，追求的目的，将采取的措施等等。而人物之间的对话，则应该随着情节的开展逐步表现不同性格的人物不同的感情，显示人物之间的内心交流。它虽然不如独白那样直接、坦露，却同样应该使人感受到人物的情感的变化，触摸到人物的心灵深处。

（2）语言描写要性格化

要在描摹语态，叙写对话过程中表现出"这一个"的个性特征。诸如阿Q的精神胜利，孔乙己的腐迂，周朴园的虚伪冷酷，吴荪甫的狡诈恃强，觉新的委曲求全，虎妞的泼辣粗野，三仙姑的装神弄鬼，李双双的热情爽直等等。做到从"有特色的谈话中"来"推荐每个说话人"的具体性格。

所谓语言有个性，就是什么人说什么话。语言大师老舍说过："一个老实人，在划火柴点烟而没点燃的时候，就会说：'唉，真没用，连根烟都点不着！'相反，一个性情暴躁的人呢，就不是这样说，而是把火柴往地上猛地一摔，高叫道：'他妈的！'"

除了写"说什么"，还要写"怎么说"。有些学生写人物对话的时候，只注意写人物说的话，而不注意描写人物说话时的神态、动作，老是"我说"、"你说"、"他说"，写出来的文章干巴、乏味。

（3）形式规范，用法灵活

语言描写的两个基本组成部分是引语和提示语。引语指引用的人物原话，反映到书面即引号之内的内容；提示语则在引号之外交代说话者及其情态。按提示语和引语位置的不同组合，语言描写一共有五种基本形式：①提前引后式②提后引前式③提中引两边④提两边引中⑤没有提示语。

我们在作文时，不要只用一种描述形式，可以几种描述形式交替

使用，这样在表达形式上才不会显得单调。

作文是用来反映生活、为生活服务的。只有立足于生活的写作，文章才可能生动活泼。语言描写也是如此。要让人物的语言具有生活化的鲜明特点，还需注意两点"多用俚语，兼顾身份"。描写人物语言，特别是对话时多用短句，多用变化性强的句式，不必拘泥于语言结构的完整，反而更能发挥生活化语言的优势。而且，有道是"三句半不离本行"，人物语言都带着明显的身份、职业及性格特点。

（4）人物语言并不是单纯的、机械的表达

有些学生写人物对话的时候，只注意写人物说的话，而不注意描写人物说话时的神态、动作，老是"我说"、"你说"、"他说"，写出来的文章干巴、乏味。写活人物对话，还要注意说话人的"声"以及"像"，从多个角度综合描绘，注意"声像并重，多维刻画"。

①首先，我们先来看一下"像"，我们在说话的时候除了会有话语，还会有相应的面部表情和动作。在这里，我们称之为神态表情和体态语言，融入人物的神态表情。每个人说话时的表情各不相同，同一人物不同时候说话的表情有所不同。所以写人物语言时还要写出人物说话的表情神态。

②接着，我们来看一下"声"，我们在说话的时候，音调会有起伏变化，也会有轻重区分，写人物语言时，注意音色、音量的变化，同时写出说话者说话时的语音语调，如声音的大小、高低、急缓等，语言的形象感会更强。

3. 语言描写的要领

"语言是思想的直接现实"，通过人物的语言，可以表达人物的性格特征。所谓"如闻其声，如见其人"，可以说明语言描写的功能和作用。那么，怎样才能使人物的语言成为人物形象塑造的一个有机组

成部分呢？

（1）语言要能显示人物的身份，职业，地位，经历

俗话说："三句话不离本行。"行话运用适当，人物的身份便自然而然得到了介绍。

（2）语言描写要能够表现人物的思想感情，反映人物的心理活动

语言是思想的直接体现，读者应该从人物独白中清楚地看到人物内心深处的真情实感，行为的动机，追求的目的，行将采取的措施等等。而人物之间的对话，则应该随着情节的开展逐步表现不同性格的人物不同的感情，显示人物之间的内心交流。它虽然不如独白那样直接、坦露，却同样应该使人感受到人物的情感的变化，触摸到人物的心灵深处。

（3）语言描写要性格化，符合人物的身份

大千社会，人物种种色色，每一个人的性格都各不相同，所以在描写人物性格时，一定要有自己的特征，要符合人物的身份，千万不能把街头乞丐的语气写得趾高气扬；或是把老人的语言写得太过"儿童化"。这些都是写作的大忌。

（4）语言描写要成为作品的有机组成部分

语言描写还应用来预示和推动故事情节的发展，交代事情的来龙去脉，或通过语言描写介绍环境或时代背景，或借人物之口作议论以深化主题，使语言描写成为作品的有机组成部分。

（5）语言描写要生动、简洁，力忌八股调、学生腔

生动、简洁是写作的生命，任何拖沓、啰嗦的文章都会引起读者的反感，并最终被人们抛弃。另外，八股腔、学生腔也因其行文的呆板、生硬，不受人们欢迎。为此，我们在作文或写作时，一定要正确运用写作的技巧，努力提高创作水平。这样，才会写出有水平，高质量的作品。

4．语言描写的技法

（1）间接描写人物和景物

汉乐府《陌上桑》中有这样一段描写：

> 使君谢罗敷："宁可共载不？"罗敷前置辞："使君一何
> 愚！使君自有妇，罗敷自有夫。东方千余骑，夫婿居上头。
> 何用识夫婿？白马从骊驹；青丝系马尾，黄金络马头，腰中
> 鹿卢剑，可值千万余。十五府小吏，二十朝大夫，三十侍中
> 郎，四十专城居。为人洁白晰，鬑鬑颇有须。盈盈公府步，
> 冉冉府中趋。坐中数千人，皆言夫婿殊。

为了对付太守的调戏，采桑女罗敷尽情夸耀自己的丈夫，从丈夫
的华丽坐骑，到腰中佩剑，以及他的显赫地位、翩翩风度，都表明她
丈夫是一个不同寻常的人。这里通过罗敷的话，间接地把她丈夫的身
份、地位、风度介绍了出来。当然，这些也可能是罗敷为了摆脱太守
的纠缠而故意编造出来的。

杨朔在《海市》中有这样一段描写：

> 老宋又是微微一笑，笑得十分自信。他说："明天你盯
> 好亲自到渔船上去看看，现在渔船都组织起来了，有指导船，
> 随时随地广播渔情风情。大船都有收音机，一般的船也有无
> 线报话机，不等风来，消息先来了，船能及时避到渔港里去，
> 大海还能逞什么威风？不过有时意料不到，也会出事。有一
> 回好险，几乎出大事。那回气象预报没有风，渔民早起看看
> 太阳，通红通红的，云彩丝儿不见，也不像有风的样子，就

有几只渔船出了海。不想过午忽然刮起一种'阵风'，浪头卷起来比小山还高，急得渔民把桅杆横绑在船上，压着风浪。这又有什么用？浪头一个接着一个打到船上来，船帮子都打坏了，眼看着要翻。正在危急的当儿，前边突然出现一只军舰。你知道，那里离朝鲜南部不远，不巧会碰上其他的船。渔民发了慌，想跑又跑不掉。那条军舰一步一步逼上来，逼到跟前，有些人脱了衣裳跳下海，冲着渔船游过来。渔民一看，乐得直喊：'是来救我们的呀！'不一会儿，渔民都上了军舰，渔船也由军舰拖回去。渔民都说：'要不是毛主席派大兵舰来，这回完了！'"

这是舵手老宋向"我"介绍渔民新生活的一段谈话，字里行间充满了对新中国的赞颂之情。其中绘声绘色地描述了一次出海遇险的情景，写天色，写风浪，如一幅幅画面呈现在读者面前；最后写海军战士奋不顾身地抢救渔船，以及渔民得救时的欢乐心情，都生动逼真，历历在目。

（2）描写同一人物前后不同的语言

施耐庵、罗贯中在《水浒全传》中有这样一段描写：

那差拨不见他把钱拿出来，变了面皮，指着林冲骂道："你这个贼配军，见我如何不下拜？却来唱诺！你这厮可知在东京做出事来，见我还是大剌剌的。我看这贼配军，满脸都是饿文，一世也不发迹！打不死，拷不杀的顽囚！你这把贼骨头，好歹落在我手里，教你粉骨碎身。少间叫你便见功效。"把林冲骂得一佛出世，那里敢抬头答应。众人见骂，各自散了。

林冲等他发作过了，去取五两银子，陪着笑脸告道：

"差拨哥哥，些小薄礼，休言轻微。"差拨看了道："你教我送与管营和俺的，都在里面？"林冲道："只是送与差拨哥哥的；另有十两银子，就烦差拨哥哥送与管营。"差拨见了，看着林冲笑道："林教头，我也闻你的好名字，端的是个好男子：想是高太尉陷害你了。虽然目下暂时受苦，久后必然发迹。据你的大名，这表人物，必不是等闲之人，久后必做大官。"

差拨初出林冲，因对方没有给他钱，就破口大骂，可当林冲拿出五两银子送给他后，他摇身一变，由詈骂变成恭维和"同情"，仿佛知己。前后表演，判若两人。难怪林冲感叹道："有钱可以通神"，此言不差。

（3）相关人物语言的对比描写

汉乐府《东门行》中有这样一段描写：

> 出东门，不顾归；来入门，怅欲悲；盎中无斗米储，还视架上无悬衣。拔剑东门去，舍中儿母牵衣啼："他家但愿富贵，贱妾与君共哺糜。上用仓浪天故，下当用此黄口儿，今非！"
>
> "咄！行，吾去为迟！白发时下难久居。"

一个城市贫民被生活逼得走投无路，不得不铤而走险，妻子却不肯让他去冒险犯法，极力劝阻。这对贫苦夫妻的对话鲜明地表现了他俩矛盾的性格特征，丈夫刚强坚定，勇于反抗，妻子则顾虑重重，逆来顺受。

罗贯中的《三国演义》中有这样一段描写：

瑜大惊曰："此人决不可留！吾决意斩之！"肃劝曰："若杀孔明，却被曹操笑也。"瑜曰："吾自有公道斩之，教他死而无怨。"肃曰："何以公道斩之？"瑜曰："子敬休问，来日便见。"

次日，聚众将于帐下，教请孔明议事。孔明欣然而至。坐定，瑜问孔明曰："即日将与曹军交战，水路交兵，当以何兵器为先？"

孔明曰："大江之上，以弓箭为先。"瑜曰："先生之言，甚合愚意。但今军中正缺箭用，敢烦先生监造十万枝箭，以为应敌之具。此系公事，先生幸勿推却。"孔明曰："都督见委，自当效劳。敢问十万枝箭，何时要用？"瑜曰："十日之内，可完办否？"孔明曰："操军即日将至，若候十日，必误大事。"瑜曰："先生料几日可完办？"孔明曰："只消三日，便可拜纳十万枝箭。"瑜曰："军中无戏言。"孔明曰："怎敢戏都督！愿纳军令状：三日不办，甘当重罚。"瑜大喜，唤军政司当面取了文书，置酒相待曰："待军事毕后，自有酬劳。"

孔明曰："今日已不及，来日造起。至第三日，可差五百小军到江边搬箭。"饮了数杯，辞去。鲁肃曰："此人莫非诈乎？"瑜曰："他自送死，非我逼他。今明白对众要了文书，他便两肋生翅，也飞不去。我只吩咐军匠人等，教他故意迟延，凡应用物件，都不与齐备。如此，必然误了日期。那时定罪，有何理说？公今可去探他虚实，却来回报。"

周瑜因一切计策都瞒不过诸葛亮的眼睛，故而感到十分恐惧。所以，决意伺机除掉他。请孔明造箭这正是好机会，而诸葛亮腹有良谋，成竹在胸，运筹帷幄，虚与周旋，使东吴的一切都在自己的手掌之中。既巧为免祸，又出色地完成了出使任务。一个妒贤嫉能，心胸狭窄，

处处设计害人；一个勇敢机智，从容大度，事事以大局为重。两相对照，何其分明。

（4）简笔勾勒

在《战国策·触龙说赵太后》一文中，有这样一段描写：

> 左师触龙言愿见太后。太后盛气而揖之。入而徐趋，至而自谢，曰："老臣病足，曾不能疾走，不得见久矣。窃自恕，而恐太后玉体之有所郄也，故愿望见太后。"太后曰："老妇恃辇而行。"曰："日食饮得无衰乎？"曰："恃粥耳。"曰："老臣今者殊不欲食，乃自强步，日三四里，少益耆食，和于身也。"太后曰："老妇不能。"太后之色少解。

这一段对话纯用白描手法，表面看非常平淡，没有多少出奇之处，实则潜台词很丰富。太后对大臣强谏"以长安君为质"很恼火，所以，左师求见，"盛气而揖之"，回答的话也不耐烦，特别简短，带有很大火气。而左师触龙的问话出乎她的意外，全是些吃饭走路等生活小事，仿佛与"为质"的事无关，使得谈话得以继续下去。其实，这正是左师善于辞令之处：他抓住太后心理，从闲谈入手，打破僵局，由近及远，以说服太后。细想前后问答，如同一个善弈者，初看其闲闲置子，似觉无用；等到成局之后，才知自头至尾，无一虚着。

司马迁在《史记·陈涉世家》中有这样一段描写：

> 陈涉少时，尝与人佣耕，辍耕之垄上，怅恨久之，曰："苟富贵，无相忘！"佣者笑而应曰；"若为佣耕，何富贵也？"陈涉太息曰："嗟乎！燕雀安知鸿鹄之志哉！"

陈涉是中国历史上第一次农民起义的领袖，他从小怀有远大的抱负。这里，通过他与佣者的对话，寥寥数笔，就把他的"鸿鹄之志"表达出来了。

（5）运用修辞添手法

修辞是一项富于实效性的语言表述方式。用得好，可以达到化抽象为具体、化贫瘠为丰满、化粗略为细腻的效果。运用比喻，语言更加形象生动；运用拟人，文字亲切活泼；运用排比，语句韵律和谐；运用夸张，内容不失幽默……这样，文章平添了几分与众不同的笔触。

如一位同学在《关心》一文中，是这样描写地球的：

在远古时代，地球就像一位年轻漂亮的女子。绿荫如盖的大地，是她美丽的肌肤；浩瀚无垠的大海，是她美丽的衣裳；交错分布在她周身的江河湖泊，是她日夜奔腾不息的血管。

作者采用比喻、拟人的手法，既写出了森林、大海和江河湖泊的美丽可爱，又体现了自己对地球的热爱、对环境的关心。作文时，我们应当尽量发挥自身思维活跃、富有想像力的特点，学会把修辞手法恰到好处地引入文中。

（6）善用名言增文彩

名言警句，经过了历代时空的检验，具有鲜明的表达效果。我们在写作时恰当运用，能收到"事半功倍"、"画龙点睛"之效。

如写勤奋之类的文章时，可以引用"业精于勤荒于嬉，行成于思毁于随"、"锲而不舍，金石可镂"；谈理想时，可以引用"先天下之忧而忧，后天下之乐而乐"等名句；要颂扬人物的品质，你就可以用"出污泥而不染，濯清涟而不妖"来形容。在《春》一文中便有这样的话："吹面不寒杨柳风"，不错，像母亲的手抚摸着你。

在这里，朱自清先生古为今用，生动地绘出了春风拂面时的柔和、飘逸和清新之感。

（7）巧用幽默出生气

看电影，大家喜欢诙谐有趣的；同学之中，会调侃的最有"人

气"。写作文也是这个道理。许多佳作，往往写得意到笔随，甚至在稍稍闪出的那么一点点不正经里，文章顿然有了生气。

一位同学在《老师，你好》一文中是这样描写老师的：

> 我班的化学老师身材干瘦，就如一个试管，实在标志极了。他虽然年逾古稀，但头发却很黑，眼睛终年含有丰富的 H_2O，看上去像孩子般天真。大伙送她一个雅号："老顽童。"

这段文字，以漫画的笔调勾画出了化学老师的形象，风趣中跳荡着一丝叛逆，幽默中蕴含一缕真情，巧妙地捕捉住了浓郁的生活气息，表现出了作者对老师难以抑制的喜爱之情。其鲜明的语言个性可见一斑。宋代诗人黄庭坚说："嬉笑怒骂，皆成文章。"的确，文章用幽默式的语言写生活、诉真情，引人入胜。

由此可见，作文中的语言描写还真不是写谁说了句什么话那般简单，需要多多的琢磨和思考。只要在生活中注意观察、多听多看，勤动笔，就必定能够写出鲜明生动、富有表现力的人物语言来。

(6) 用叙述的方法描写人物语言

鲁迅在《祝福》中有这样一段描写：

> 他比先前并没有什么大改变，单是老了些，但也还未留胡子，一见面是寒暄，寒暄之后说我"胖了"之后即大骂其新党。但我知道，这并非借题在骂我，因为他所骂的还是康有为。但是，谈话是总不投机的了，于是不多久，我便一个人剩在书房里。

小说开头写"我"回故乡后的所见所闻，三言两语即勾画了鲁四老爷这个道学家的嘴脸。作者并没有直接描写"我"与鲁四老爷见面

时的谈话，只是通过"我"的简洁转述，把鲁四老爷见面寒暄、大骂新党的情态活画出来，可见他是封建地主绅士中的顽固派。这种间接描写的方法，笔墨经济，省去了烦琐的对话，用精炼的语言突出了人物的主要特征。

巴尔扎克的《欧也妮·葛朗台》中有这样一段描写：

这家伙动作非常简单，说话不多，发表意见总是用柔和的声音，简短的句子，搬弄一些老生常谈……而且逢到要应付，要解决什么生活上或买卖上的难题，他就搬出四句口诀，像代数公式一样准确，叫做：

"我不知道，我不能够，我不愿意，慢慢瞧吧。"

他从来不说一声是或不是，也从来不把黑笔落在白纸上。人家跟他说话，他冷冷地听着，右手托着下巴颏儿，肘子靠在左手背上。无论什么事，他一朝拿定了主意，他永远不变。一点点儿小生意，他也得盘算半天。经过一番勾心斗角的谈话之后，对方自以为心中的秘密保守得密不透风，其实早已吐出了真话。他却回答道：

"我没有跟太太商量过，什么都不能决定。"

葛朗台是一个阴险狡猾的投机商、守财奴。作者在介绍这个人物时，巧妙地引用了他的口头禅，话虽不多，却能显示出这个人的性格特点。"我不知道，我不能够，我不愿意，慢慢瞧吧。"葛朗台表面上装糊涂，骨子里却硬似铁石。"我没有跟太太商量过，什么都不能决定。"看起来颇尊重自己的太太，实际上只不过把他那奴隶般的太太作为生意上最方便的挡箭牌而已。这种间接描写人物语言的方法，具有说明评判的作用，故而常常收到以少胜多的效果。

(7) 与其它描写配合运用

司马迁在《史记·鸿门宴》中有这样一段描写：

于是张良至军门见樊哙。樊哙曰："今日之事何如？"良曰："甚急！今者项庄拔剑舞，其意常在沛公也。"哙曰："此迫矣！臣请入，与之同命。"哙即带剑拥盾入军门。交戟之卫士欲止不内。樊哙侧其盾以撞，卫士仆地，哙遂入，披帷西向立，瞋目视项王，头发上指，目眦尽裂。项王按剑而跽曰："客何为者？"张良曰："沛公之参乘樊哙者也。"项王曰："壮士，赐之卮酒！"则与斗卮酒。哙拜谢，起，立而饮之。项王曰："赐之彘肩！"则与一生彘肩。樊哙覆其盾于地，加彘肩上，拔剑切而啖之。

作者把人物的对话、行动和肖像描写结合起来，表现出樊哙怒发冲冠，闯入敌营，置生死于不顾的壮士形象。

施耐庵、罗贯中的《水浒全传》中有这样一段描写：

那妇人把前门上了栓，后门也关了，却搬些陈酒、果品、蔬菜，入武松房里来，摆在桌子上。武松问道："哥哥那里去未归？"妇人道："你哥哥每日自出去做买卖，我和叔叔自饮三杯。"武松道："一发等哥哥回家来吃。"妇人道："那里等的他来！等他不得！"说犹未了，早暖了一注子酒来。武松道："嫂嫂坐地，等武二去烫酒正当。妇人道："叔叔，你自便。"那妇人也撮个杌子，近火边坐了。火头边桌儿上，摆着杯盘。那妇人拿盏酒，擎在手里，看着武松道："叔叔满饮此杯"。武松接过手来，一饮而尽。那妇人又筛一杯酒来说道："天色寒冷，叔叔饮个成双杯儿。"武松道："嫂嫂自便。"接过来又一饮而尽。武松却筛杯酒，递与那妇人吃。妇人接过酒来吃了，却拿注子再斟酒来，放在武松面前。

……那妇人也有三杯酒落肚，只管把闲话来说。武松也知了八九分，自家只把头来低了。

那妇人起身去烫酒，武松自在房里拿火箸簇火。那妇人暖了一注子酒来到房里，一只手拿着注子，一只手便去武松肩胛上只一捏，说道："叔叔，只穿这些衣裳不冷?"武松已自有五分不快意，也不应他。那妇人见他不应，劈手便来夺火箸，口里道："叔叔，你不会簇火，我与你拨火，只要一似火盆常热便好。"武松有八分焦躁，只不做声。那妇人不看武松焦躁，便放了火箸，却筛一盏酒来，自呷了一口，剩了大半盏，看着武松道："你若有心，吃我半盏儿残酒。"

武松劈手夺来，泼在地下，说道："嫂嫂休要恁地不识羞耻!"把手只一推，争些儿把那妇人推一交。武松睁起眼来道，"武二是个顶天立地、噙齿带发男子汉，不是那等败坏风俗、没人伦的猪狗，嫂嫂休要这般不识廉耻，为此等的勾当。倘有些风吹草动，武二眼里认的是嫂嫂，拳头却不认的嫂嫂!再来休要恁地!"那妇人通红了脸，便收拾了杯盘盏碟，口里说道："我自作乐耍子，不值得便当真起来，好不识敬重!"搬了家火，自向厨下去了。

这是《水浒传》中潘金莲引逗武松的一段精彩文字。潘金莲是使女出身，惯会卖弄风情，颠狂作态。她的一言一行都带着极大的挑逗性。从武松进门，她就忙活开了：开始是笑脸相迎，接去毡笠；继而摆满果品，殷勤劝酒；最后，捏肩试探，淫心大露。而武松是个铁心汉子，豪爽英雄。他的话简短诚直，句句实在。对潘金莲的撩拨，开始不知道，因而脱靴烤火，饮酒自如；接着有所发觉，却低头不语，佯作不知，因为她毕竟

是嫂子，不便发作。后来，看她蜂狂蝶浪，太不像样，才摔杯泼酒，以手推拒，并臭骂一顿。这里，语言描写与行动、心理描写相配合，两个人物，两种性格一枉一直，一媚一刚，何其分明！

5. 语言描写的作用

（1）表现人物的性格

语言是表达人物思想感情的工具，因此，人物的语言描写，能披露人物的内心世界，展示人物的个性特征。只有这样，才能使人物语言克服一般化、雷同化的弊病。

巴尔扎克小说里写对话非常巧妙，他并不描写人物的模样，却能使读者看了对话，就好像见到说话人似的。如巴尔扎克的《欧也妮·葛朗台》，写葛朗台逼死妻子后，为了不让女儿欧也妮继承妻子的遗产，在全家居丧的当天，就迫不及待地要他女儿签字放弃遗产继承权。作者在此描写了葛朗台与欧也妮一段精彩的对话：

> 他对欧也妮说："好孩子，现在你承继了你母亲啦，咱们中间可有些小小的事得办一办。"……
>
> "难道非赶在今天办不行吗，父亲？"
>
> "是呀，是呀，小乖乖。我不能让事情搁在那儿牵肠挂肚。你总不至于让我受罪吧。"
>
> "噢，父亲……"
>
> "好吧，那么今天晚上一切都得办了。"

当不明底细的欧也妮表示同意在光保留虚有权的文书上签字时，葛朗台仍不满足，还要求欧也妮"无条件抛弃承继权"，并要她"决不翻悔"。当欧也妮刚作出肯定的表示时，他就欣喜若狂地说："孩

子，你给了我生路，咱们两讫了。这才叫做公平交易。"通过对话描写，作者将葛朗台这个金钱拜物教的狂热信徒的吝啬、贪婪、冷酷、虚伪的个性特征，和盘托出。

鲁迅的《孔乙己》中有这样一段描写：

孔乙己一到店，所有喝酒的人便都看着他笑，有的叫道，"孔乙己，你脸上又添上新伤疤了！"他不回答，对柜里说，"温两碗酒，要一碟茴香豆。"便排出几文大钱。他们又故意的高声嚷道，"你一定又偷了人家的东西了！"孔乙己睁大眼睛说，"你怎么这样凭空污人清白……""什么清白？我前天亲眼见你偷了何家的书，吊着打。"孔乙己便涨红了脸，额上的青筋条条绽出，争辩道，"窃书不能算偷……窃书！……读书人的事，能算偷么？"

众人拿孔乙己的伤疤来取笑，拿他的痛苦来取乐。通过语言描写勾画着这些人麻木不仁穷极无聊的嘴脸，笑声里蕴蓄着一股悲凉的意味。孔乙己的一段话表明了想清白，但清白不了，又偏要争面子。可见孔乙己生活在矛盾之中而又成为取笑的对象。

《林黛玉进贾府》一文中写王熙凤：

这熙凤携着黛玉的手，上下细细打量了一回，仍送至贾母身边坐下，因笑道："天下真有这样标致的人物，我今儿才算见了！况且这通身的气派，竟不像老祖宗的外孙女竟是个嫡亲的孙女，怨不得老祖宗天天口头心头一时不忘。

抓住这句话，就能够分析好王熙凤。一语三雕，贾讨好了贾母，又恭维了"三春"，说得黛玉也是美滋滋。充分表明了她八面玲珑，狡诈逢迎的性格。

(2) 能揭示人物的身份与社会地位

在《水浒传》"林教头风雪山神庙"这一回中，描写了山神庙外三个人的对话。林冲在庙里从说话听出那三个人中一个是差拨，一个是陆谦，一个是富安。"端的亏管营、差拨两位用心！回到京师，禀过太尉，都保你二位做大官。这番张教头没得推故！"这是陆谦说的，特殊地位，不一般的身份，加上满口官腔，活现出他的特性。"林冲这番直吃我们对付了！高衙内这病必然好了！""再看一看，拾得他一两块骨头回京，府里见太尉和衙内时，也道我们也能会干事。"从话语中的庆幸态度和带有夸功请赏的口气，可知这是高府地位低微的奴仆富安说的话。"小人直爬入墙里去，四下草堆上点了十来个火把，待走哪里去！"又极力表现自己遵命效劳，显出一副奴才嘴脸。三个人的对话都是高度性格化的，真是闻其声如见其人。

鲁迅的《故乡》中有这样一段描写：

> 他站住了，脸上现出欢喜和凄凉的神情。动着嘴唇，却没有作声。他的态度终于恭敬起来了，分明的叫道：
>
> "老爷！……"
>
> 我似乎打了一个寒噤；我就知道，我们之间已经隔了一层可悲的厚障壁了。我也说不出话。他回过头去说，"水生，给老爷磕头。"

一声"老爷"，"我"与闰土少年时代的纯真友情，完全被封建的等级观念所代替了。

(3) 反映作品的主题与时代特点等

在《我的叔叔于勒》中有这样一段描写：

父亲总要说那句永不变更的话："唉！如果于勒竟在这船上，那会叫人多么惊喜呀！"

母亲也常常说："只要这个好心的于勒一回来，我们的境况就不同了。他可真算得一个有办法的人。"用语言渲染对于勒的急切的盼望，意在反衬出见到于勒的失望。

毫无疑议，父亲是被这种高贵的吃法打动了，走到我母亲和两个姐姐身边问："你们要不要我请你们吃牡蛎？"故作优雅，其实这才是噩梦的开始，推动情节发展，使于勒逐步揭去了面纱。

我说："我给了他十个铜子的小费。"

我母亲吓了一跳，直望着我说："你简直是疯了！那十个铜子给这个人，给这个流氓！"

前后鲜明的对比，都是金钱惹的祸，他没再往下说，因为父亲指着女婿对他使了个眼色。

6. 语言描写中的常见病

(1) 人物语言或不符合人物身份

语言描写是刻画人物的重要手段之一。它要求不但要写出人物的共性特征，而且还要反映出人物的个性色彩，只有这样的语言描写才能收到生动传神的效果。有人说，人物语言描写是展示人物性格的一面镜子，就是说，通过人物的语言描写，读者可以清楚地了解人物的思想修养、身份、心理素质等多方面的情况。但是，如果语言描写不符合人物身份，或者充满说教色彩，缺乏鲜明的个性，就写不出人物的特征。

人物的思想感情主要靠语言来表达。恰如其分的语言描写，不仅能透露人物丰富微妙的内心秘密，而且能生动地刻画出人物独特的性格特征，"使读者看了对话，便好像目睹了说话的那些人。

（2）语言要简洁明了

在进行语言描写时，语言要简洁。不能拖泥带水，更不能写一大堆的废话，让"人物"说个没完。语言拖泥带水，没话找话。不能拖泥带水，更不能写一大堆的废话，让"人物"说个没完。语言拖泥带水，没话找话，这是学生作文容易出现的毛病，即使生活中真的这样说了，也要根据文章需要进行取舍。在实际生活中，人们说的话既多又杂，写文章不是生活实录，不能原原本本地照搬生活。写进文章里的语言一定要经过提炼加工，跟中心密切相关的话，有助于刻画人物形象的话，再多也是必要的；反之，与中心无关，对刻画人物毫无作用的话，哪怕是半句也是多余的。

第二章

语言写作好段

1.“辣”老师

我对这个“花名”很反感，虽然郑老师时常紧紧皱浓眉拉长脸，额头宽宽下巴尖，活像个吊挂的牛角椒，但也不“辣”呀，他待人可好啦。前年我妈妈病重住院花了不少钱，以至开学时没钱交费注册，我急得哭了。不知郑老师从哪儿钻出来，笑眯眯地拍着我的肩膀说：“阿聪呀！别学小孩哭鼻子了，学校知道你有困难，批准你免费注册，书籍费我帮你交了，明天上学去吧……”

2.“小皇帝”

“哎呀！你这孩子什么事都要父母干，可真成了‘小皇帝’了……”我听到妈妈说这番话时很不服气，我想：什么“皇帝”不“皇帝”的，难道我真的什么都不会干吗？哼，等着瞧吧！

3.“骂”老师

“骂老师”本姓马，40 岁左右。顾“名”思义，便知她常常骂人。这不，她又在“骂”人了。“读了快 9 年的书，连作业都写不清楚，你自己看看，鬼画桃符，一塌糊涂！”她满脸愠怒地“骂”着，把手中的作业本重重地摔在刘蝶同学面前。刘蝶可怜巴巴地垂着头，脸色通红地站在座位前。马老师盯着刘蝶用嘲讽的口气说道：“你刘蝶不是有点‘小聪明’吗？怎么连几道作业题都错误百出呢？”刘蝶仍然垂着头，但她的脸更红了。

上马老师的数学课，挨“骂”是家常便饭。平时她很少在学生面前露笑脸，谁不认真就少不了挨她的“骂”，于是，同学们便给她起

了个"骂老师"的外号。每逢"骂老师"上课，我们身上的根根神经都绷得紧紧的，惟恐挨"骂"。

4．老师的教诲

周老师说："陈微，我知道你最近心情很不好，但你分析过落后的原因吗？你身为学习委员，却不关心同学的学习。英语教师让你给同学抄的复习提纲你忘了；几个数学差的同学请你辅导，你不同意；有时你值日不做，放学后看电影去了……"周老师在批评我的缺点后，也指出我的优点，同时希望我克服骄傲自满的情绪，热心为同学们做好事，并要求我以身作则。周老师的一席话，犹如一帖清醒剂。于是我决心振作精神从头做起。

5．班主任老师的话

随着放学铃声的响起，班会结束了。我把早已胡乱装完的书包往背后一甩，"哐啷"一声推开桌子抽身奔向门口。

"程督，你等一会儿！"果然不出所料，班主任老师要"雨后送伞"了。我正憋着火儿！本想就当没听见一走了之，可是……也好，诉诉委屈吗！我立在门旁，头也不回，面壁"思过"。

"你过来，到我跟前来！"

我将搭在背上的书包拽下来，低着头，一步半寸地挪到老师跟前，头不抬，眼皮不挑，气呼呼地立在那儿。

"怎么？心里憋气？不服气？有怨气？统统放出来吧。"

"我……"我猛一扬头，发现老师正盯着我，我便把脸扭向一边，竟一句话也说不出来。

"程督啊，你以前可是老师最喜欢的好学生啊！你聪明能干，帮我做了许多工作，我很感谢你……"

奇怪，听了这几句话，一种酸酸的东西从心窝直涌到鼻子里。

"可是，你最近的表现实在让我太生气……程督啊，你知不知道，老师最伤心的就是看到自己喜欢的学生退步；而老师最欣慰的就是看到自己喜欢的学生进步啊……"

这时，她的手轻轻地抚摸着我的头顶。我感到她的手是那样的热，热得发烫……

6. 辛劳的奶奶

不管严寒酷暑，奶奶总是很早就起来做好饭菜，等着我们起来吃。奶奶那么辛苦，有时爸爸、妈妈劝她不要起来太早，怕她累坏了身子。她总是说："只要你们工作好，孩子们学习好，就是对我最大的孝顺。"每当我和姐姐考试得了高分，奶奶总会高兴得合不拢嘴，有时还会发给我们小小的奖品，比如煮个鸡蛋，给几粒花生米或者小糖什么的。我每次接过这些东西吃，总觉得格外香甜，因为它们寄托着奶奶多么大的期望啊！

7. 不知姓名的叔叔

"你家离这儿远?"那人两眼闪动着慈祥的目光，伸手扶起我，然后和气地说："揉揉脚，停会儿再走。"

我边用手揉着膝盖，边警觉地望着他。

"这么晚了，怎么自己一个人回家?"他始终站在离我三步远的地方，和气地问我。

我没有回答他。

"你就在巷口?"

"嗯……"我不知怎么说出口。

"好，正好同路，我送你回家。"

脚不那么疼了，我迈着步子走着，走着。那人脚步也跟着。

拐过弯，路宽了，灯多了，我的家到了。我走上自己家门前的台阶，准备敲门。

"小姑娘，往后不要一个人走夜路呀？"他说着，转过身，大踏步向我们刚才走来的方向走去，越来越远了。

8. 家乡的变化

"如今，这鱼塘越来越红火，一年挣回八九千元，吃穿不愁，还盖了新房子，有空你们全家也回咱乡下老家住几天，看看家乡变化有多大啊！这都是党的富民政策好呀！我们农民也走上了勤劳致富的道路！"二叔一番深情激昂的话语，使爸爸、妈妈喜上眉梢，乐得合不拢嘴。

9. 为我们班争气

学校星期三要举行故事演讲比赛，出乎我意料的是同学和老师竟推选了我！当时我既兴奋，又紧张。老师和班干部看出了我的心事，都鼓励我说："不要害怕，好好地讲，一定要讲出水平，为我们班争光。"我也只好点头表示同意。

10. 王书记的心愿

"乡亲们，这是'房屋赠送书'。我要把这栋新房送给村里做幼儿学堂。说老实话，自从承包那年起，我就想砌一幢屋做村里的幼儿园，如今总算了却了这桩心愿。村里的祠堂是危房，不能再做教室了。"王书记有点激动，继续说"明天，就叫你们的小伢子搬到这幢屋里来上课吧！"屋里一片寂静，接着响起雷鸣般的掌声。

11. 比真的还珍贵

我们俩把汤倒进保温饭盒，带到医院，大家也都在那儿。我一看到姥姥就高喊起来："姥姥，我和王奇给您带燕窝汤来了。"爸爸妈妈听了，都用惊讶和赞许的目光看着我。我把汤端到姥姥身边，让她趁热喝了，姥姥十分感动，掀起盖一瞧，黑乎乎的哪是"燕窝汤"呀。爸爸妈妈看了也大笑起来，我和王奇一下子愣住了。最后，还是见多识广的爸爸发了话："傻孩子，燕窝不是指我们这里的燕子巢，是金丝燕在海边或海岛的岩洞里筑的巢，是由金丝燕吞下海藻后吐出的胶状物凝结成的，那是一种珍贵的食品。"我们俩恍然大悟，也笑了起来。爸爸接着说："虽然这不是真的燕窝汤，但它比真的还珍贵。"

12. 小数点的作用

就说一个小数点吧，这有什么新鲜。可是到了王老师的嘴里就不平常了。那是我们刚学小数的时候，我们总把小数点搞错。王老师说："小数点错位可不得了哇，要是把你们年龄的小数点向后移动两位的话，那你们不就成了'木乃伊'了吗？"顿时，教室里哄堂大笑。我望着王老师那亲切的面容，心想：小数点作用真大呀，千万不能掉以轻心。

13. 劝架

我对李朋说:"昨天刚表扬了你,怎么今天又犯毛病啊?"又把魏威拉到一边说:"你可是小组长啊,和组员打架不害羞吗?"

14. 妈妈的话

过了一会儿,妈妈上了床,语重心长地跟我说:"你想想,这些补课的学生比你大不了多少,你们落了课,当老师不给补上,就会越落越远。如果给他们补上了,他们就会跟上来,兴许能考上大学呢!做老师的也就能心安理得了。"听了妈妈的话,我能说些什么呢,妈妈做得对呀!

15. 妈妈生气了

妈妈指着我骂道:"像你这样的成绩还能考什么重点中学,恐怕连普通中学都不肯要你。"她把筷子使劲往桌上一摔:"不知道你整天想着什么?"啪!啪!一左一右给我两个大耳光,"别吃了,说,怎么搞的。"

16. "小钢炮"

"对!"围上来的同学"小钢炮"小许响亮地开了一炮:"每个人都有义务做工作。"

17. 妈妈不听话

"就管，就管！妈妈不听话就得管！一会儿我就找你们领导去！"

18. 逗号的作用

一次我上黑板做题，评讲后，她对大家说："这道题有错误，就是横坐标和纵坐标之间少了逗号……"我一下就叫出了声："又不是语文，这么严格。"下课后，我被请到了办公室，她问我："课堂上你说的话，你以为如何？"我一时无言以对。她严肃地说道："这是学问，不是商品，可多可少，少一个逗号，意思就会大变，你难道不明白吗？"我听了之后，心中十分愧疚。

19. 妈妈的鼓励

"哪一个音节是'多'啊？"老师考了考我。我答不出来，当时我都想哭了。我对妈妈说起此事，妈妈说："不会才去学的。好好地听老师教，照着老师讲的去弹就能学会的。"我虽然还不懂妈妈所说的道理，但还是拼命地练习了。……妈妈夸奖我说："广美的手就像魔术师的手，弹得真不错。"可是，当我弹错的时候，妈妈便说："咦，好像弹得不太对，再弹一次看看吧！……对对，这多好听，这回弹得不错。"

20. 志向不矮

王老师说："你看我个子矮吗？"我忍不住笑出声来，心里觉得奇

怪。"我个子虽然矮小，但我的志向可不矮呀！"……"我从小就喜欢教师这一职业，立志做一名教师，为我国培养出千千万万个个子高、知识高、思想高的栋梁之材。你说这个志向高不高？"……我不由产生了一股敬佩之情，深深地点了点头。

21. 爬山

您的榜样的力量，使我们一鼓气登上了山巅。"啊，胜利了！""我们是白岩鼻的主人！"大家欢呼着，雀跃着。您谆谆教导我们："白岩鼻已被你们征服了，然而科学的攀登才刚刚开始。要记住：人生就像无数座山头组成的群峰，我们只有一个山头一个山头地攀登，才有希望达到光辉的顶峰。"

22. 爸爸的教导

爸爸弯下微驼的脊背，用满是硬茧的大手一遍又一遍地摸着我的头说："孩子，去吧！去闯你的路吧，呆在翅膀下，到啥时也飞不起来。在外头，要老老实实地跟老师学习，正正当当地做人。咱这地方穷，喝文化水的人少，可人都说故土难离呀！你出外念书，可千万不能忘了咱这河，忘了咱天天喝的这水呀……"

23. 妈妈告诉我

记得，那还是在上幼儿园的时候，有一天，为着一件小事，我同小朋友吵了起来……我向妈妈说出自己的委屈，妈妈却轻轻摸着我的头，温和地说："薇薇，记住，在幼儿园里，大的是哥哥、姐姐，小的是弟弟、妹妹。你要像妈妈爱你一样去爱周围的伙伴。"听着妈妈的话，我使劲点了点头。

24. 新芽

老师又说："……旧叶凋落枯死，总会有新芽随后而生的嘛。新芽——这就是市川同学，就是你呀！我认为今后不管时代怎么变，重要的东西是一定不会变的。我说的重要的东西，就是你父母的血一定会在你的身体中继续不停地流动的。我希望你能在这样好的根基上茁壮成长，你一定会成为交让木那样的树木的。"

25. 洗衣服

"哈，了不起！今天怎么自己洗起衣服来了？"妈妈看着我盆里的衣服耐心地对我说："你把洗衣粉放得太多了，这样又浪费，衣服还洗不净。"正在这时，楼上阿姨来淘米，妈妈忙把盆端开："来来，你先用。"

26. 俭朴的妈妈

她常常教育我们几个孩子说："过日子比树叶还稠，一粒米、一根线都不能抛洒。"她自己更是克勤克俭。记得有一次，她正在给自己补一双已经补满了补丁的袜子，我走过去没好气地说："妈，别补了，我用割草换的钱给你买双新的算啦！"妈妈一边继续穿针引线，一边温和地说："这袜子补补还能穿几天，你那点钱，留着买书用吧！"当时，我虽然嘴里还在嘟噜，心却被妈妈那俭朴的精神征服了。

27. 吴老师讲课

每逢这时，老师们都会拿着讲义，自动走出教室。吴老师也往门口走去，嘴里却念着："……'师道之不传也久矣。''道'指风尚……"一只手极自然地关上了门。

28. 不讲理的继母

病好后，阿婆拖着我去和继母评理。想不到继母蛮不讲理且大吵大叫："哎呀呀，您老不知道呀，这孩子小小年纪便会偷，大了还了得？唉，我这当后娘的难哟！管教管教，人家还说是虐待哩。嫌我养得不好，倒是领了去养呀！"继母阴阳怪气的话，把阿婆气得直发抖，她扭头把我带回了老家。从此，我和阿婆一起生活了五年。

29. 刘阿姨笑了

一天下午，邻居的小林来叫我玩，我正在洗自己的小手巾，看见他叫我，就往外跑，刘阿姨喊："洗完再去。"

我头也不回地说："阿姨帮我洗吧。"

等我玩够了，回来一看，那盆水还在，就没管它，看见刘阿姨就喊："给我手巾！"

她说："你刚才为什么不自己洗？"

我说："我要去玩嘛。"

她说"你就用你的懒惰擦鼻涕吧！"说完就走了。

我独自留下赌气，也不去理刘阿姨，趴在桌子上睡了。不知过了多久，似乎觉得有人替我披衣服。睁眼一看，是刘阿姨。

我一下子扑到她怀里，只听刘阿姨柔声地说："孩子啊，如果让你懒下去，我会对不起你父母啊！"

我看着她慈祥的脸，急忙说："阿姨，我这就去洗手巾。"

她立刻笑起来，高兴地说："这就对了。你不用洗手巾了，我已经洗了。"

30. 英语老师

他自我介绍说："以后，由我来教你们英语。我姓范，模范的范，叫毅，毅力的毅。可我并不是什么模范，也没毅力，倒有很多毛病：烟瘾重，脾气大……你们干吗老盯着我发呆呀！噢，这油点子呀，是炒菜的时候溅的。"

他放下课本，接着说："从今天开始，我们就要和英语打交道了。我先问你们一个问题：'什么是英语？'教室里一片寂静，大家面面相觑。我自言自语地说："外国人说的话！"范老师拍拍我的头又问其他同学："对吗？""不对，是英国人说的话！"方威给我纠正。范老师笑道："其实，英语并不是只在英国使用，它是一种有国际性的语言，在世界各地应用都很广。你们长大了，也许会成为研究生、博士，如果掌握好英语，走遍世界，不愁语言不通。"同学们不禁发出一片轻微的惊呼，气氛一下子活跃起来。于是范老师趁热打铁，抓住我们的好奇心，用一种幽默的语言，巧妙地把字母教给我们。他给我留下一个见多识广、言谈诙谐的好印象。当我在本上写下那曾被认为是天书的字母时，自豪地笑了。

31. 形象的语言

"床的面积是多少？"胖胖的王老师用手正了一下眼镜问我。"是2

米。"我小声说。"2 米?"王老师看着我，意味深长地说："难道你夜里睡觉走钢丝吗?"蓦地，在我眼前出现了平面的床和一条细线似的钢丝，我恍然大悟，脱口而出："是面积，2 平方米!""好!"王老师微笑着朝我一挥手，这形象的语言使面积和长度的区别深深地印在我的脑海中。王老师的话真有意思。

32. "包公"爸爸

李阿姨把礼品往桌上一放，无限感激地说："房子解决了，多亏了你，这点心意收下吧!"爸爸见了用责备的口吻说："你怎么能这样说，该解决的，你不送礼，也要解决;不该解决的，你送个金娃娃，也不解决。一切从实际出发嘛!"李阿姨只好把礼品提走了。

33. 我错啦

我气得一屁股坐在沙发上，把采来的桑叶甩给妈妈，嘴里"哼"了一声，妈妈却不生气了。把我拉到身边，语重心长地对我说："菌菌，妈妈逼你去采桑叶，并不是故意与你为难。相反，我是为你好呀!做事都要有严肃认真的态度，要对自己做的事负责，对不对? 你已经不小了，这个道理应该明白……"我呆坐着，细细咀嚼妈妈的话，感到又羞愧又激动，终于扑向妈妈，嘤嘤地哭了："妈妈，是我错啦……"

34. 刘阿姨

爸爸妈妈生我的那几年，正是他们最忙的时候。刚刚两岁半的我便被托付给刘阿姨。记得从我刚刚懂事的那一天起，刘阿姨就开始培养我诚实的习惯了。有一次，我自己觉得饿了，就到柜子里找东西吃，不想竟将碗打烂了，我慌忙跑开了。晚上，刘阿姨在吃饭时问："是谁把碗打烂了？"我赶快回答："不，不知道。"她没说什么。晚上睡觉时，她就给我讲牧羊女的故事，最后说："说谎的孩子就不会是最好的孩子。"我听了，红着脸承认碗是自己打烂的。她欣慰地笑了，把我搂到怀里，喃喃地说："真是个乖孩子，不撒谎……"

35． 烟鬼，戒烟

妈妈一看，十分生气，她一下夺过爸爸嘴上的烟，大声喊："烟鬼，戒烟！戒烟！"爸爸不耐烦了，他放下二郎腿，一本正经地说："俗话说得好，饭后一支烟，胜过活神仙。再说，吸烟可以提神啊！"我再也憋不住了，说："爸，妈妈叫你戒烟也是为你好，书上说，烟里有尼古丁，常吸烟能致癌，这是慢性自杀，看看你的牙齿吧！又黑又黄，多难看！"爸爸听了，对着镜子龇起了牙。我和妈妈看了，都"扑哧"一声笑了。

36． 去卖大碗茶

这不，爸爸又在宣布暑假计划了。他清清嗓子，大声对我说："你的暑假计划我已定好了，你先看看。"我一看，除了学习，就是睡觉。我小声问："爸爸，能不能增加一项，像游泳、打乒乓球……"爸爸一听就火了："玩，玩，你就知道玩。你看你的数学，都成了什么样子，你再玩，就只配去卖大碗茶。"我一听，连忙缩了缩脖子，不再吱声。

37. 万能大伯

我大伯心灵手巧，有一身使不完的好本事。他年轻时，干过五金，搞过修补，当过木匠，零敲碎打，什么活都能干，并且干得样样叫人满意。"万能"这个绰号就是这样来的。前些年，他虽然那么能，可还是拉了一腔饥荒，欠队里900元。全家8口人，粗茶淡饭破衣裳，勉强对付着过日子。大伯常常叹着气说："唉，瞎忙活呀，我肖传贵是徒有'万能'之名呵！"

党的十一届三中全会以后，我大伯那紧皱的眉头松开了。他同大娘商量："咱们养长毛兔吧！"大娘吓了一跳："你疯啦，你不怕人家再割尾巴？""中央下了文件，允许咱庄稼人致富了，我看没错。"大娘只好同意了。

38. 诚实的小男孩

只见小男孩擦完后，向前走了几步，把废纸丢进果皮箱里。然后走过来一字一顿地说："老奶奶，我把痰擦干净了，我没有钱，我把这支枪给您行吗？"老奶奶觉得好奇怪，抚摸着他的头说："乖孩子你怎么……你又没吐痰，为什么要去擦痰迹呢？"小男孩撅着嘴说："是我爸爸吐的痰。幼儿园张阿姨说：'做错了事要主动承认，改正错误才是好孩子。'他做了坏事所以我替他擦了。"

39. 卖菜的售货员

在菜场，我排队已站了半小时，正等得不耐烦。"买嘛，快掏钱！"只听见一个尖利的声音从前面传来。顺着声音看去，只见一个年轻的女售货员正对一位年过60的老大娘嚷。"同志，我买一捆芹菜，请给我拿嫩一点的。""砰"的一声，一捆非常老的芹菜摔在柜台上。这时老大娘有点不满地说："我要嫩点的，这么老的芹菜怎么吃呢？""嫩点的？你看，哪棵菜不比你嫩？嫩的都卖给你，老的卖给谁？"售货员放出一串连珠炮以后，还得意地晃了晃脑袋。"同志，你这是怎么说话？"一位工人同志说"你这样怎能当好人民的后勤兵呢？"售货员转过身子，叉着腰对工人说："当不好——我还不想当呢！真是狗拿耗子——多管闲事！"

40. 昧心的钱不能赚

一位操着天津口音的老爷爷说："孩子，你跟那些专门做坑人买卖的坏家伙比，真是个厚道的人啊！"刚才那位打抱不平的阿姨也说："小姑娘，你的心眼真好！要是我，怎么也得骂她两句。"小姑娘红着脸说："来时俺娘就嘱咐过，昧心的钱不能赚。"

41. 不借，就不借

演出的那天中午，我高高兴兴地跑回家。妈妈问我为这么高兴，我一本正经地对妈妈说："第一，老师让家长今天下午观看我们的演出。这第二呀，就是马靖扮演小孔雀，她没有孔雀裙"妈妈笑呵呵地对我说："你们不是好朋友吗？把你的裙子借给马靖用一用吧！"我气哼哼地说："谁和她是好朋友？我才不喜欢和她做好朋友呢。她没有裙子我高兴还来不及呢！"妈妈凑过来刚要说什么，我马上把耳朵塞上，嘴里不停地说："不借！不借！就不借！"妈妈看我不耐烦的样子，知道说也没有用，叹息一声，就和我一起到学校去了。

42. 爷爷生气了

那是我很小的时候，一个夏天的傍晚，我被从大门口传来的卖冰棒的吆喝声吸引住了，便想问爷爷要钱买冰棒，可巧爷爷不在家。我担心卖冰棍的走远了，就自作主张，偷拿了爷爷的钱。他回来知道后，生气地大声训了我两句，我从没见他发过那么大的火，低着头嘟着嘴说："真小气。"

爷爷不住地发火，拿起拐杖在我屁股上"啪！啪！"打了两下，我"哇—"地哭了起来。

爷爷心软了，丢下拐杖，抱起我哄着我："不哭，不哭，都是爷爷不好，爷爷不该打你，爷爷赔你一个大雪糕。"

等我渐渐止住了哭，他又说："小二呀，爷爷可不是心疼这几个钱呀，不管是谁的东西，都不能随便动，知道了吗？好了，下次改了还是好孩子。"

那是爷爷第一次，也是最后一次打我。

那以后很长一些时间里，我都没有看见爷爷再挂那根拐杖。

43. 谢天——谢地

我正在得意，没想到爸爸要给妈妈打电话，让我看见了。我大声嚷起来："不干，不干，不是不许搞小动作嘛！"爸爸连忙说："好，好，虚心接受意见，不过还是让你妈妈一次吧！"我想惩罚一下爸爸，就顺水推舟说："那你得替妈妈接！"不想爸爸立刻说了个"弃旧图新"，我马上接了个"新陈代谢"，妈妈像得救似地拉长了声音说："谢天——谢地！"我们笑得直不起腰。

44. 身残志不残

"你上哪儿去了？"妈妈挺不满意地责备我，"就快要考试了，不好好复习功课又跑哪儿疯去了！"

"妈妈，"我打断了妈妈的话，"您知道我们这儿刚搬来一户人家吗？他们有个女儿是残疾。"

"知道。"妈妈却越发不满意我了（也许是"对比"作用吧？），"人家一个瘫痪姑娘，从没进过学校门，却把小学和初中的课本都自学完了，现在正在学高中的课程，哪像你……"

我赶紧打断妈妈的话："妈妈您放心，这次考试我一定能考好，保您满意。"在心里，却涌起了对残疾姑娘的钦佩之情。

45. 妈妈给我订报

过了一会儿，妈妈回来了。她看见我一把把地向灶里塞柴，笑着说："难怪俺小梅阴着脸，原来是发愁订报的事呢！""妈，您咋知道了？"我惊讶地望着妈妈。"我呀，会算呗，我知道今儿上午老师给你们一人一张啥宝贝，什么为了'学生的学习'，什么'开阔学生眼界'，什么'家长少吸几盒烟，学生订报看半年'……好啦，我也说不清了。"妈妈背书般地讲着"再把你那张给念念，刚才你民姐给你二婶读，我听见了一些。"我填了一把柴，把那封揉了的《致家长》一字一句地念给妈妈听。妈妈边听边点头："你们老师真会想法子。报再贵，再涨价，俺当家长的也支持你们订报学知识！"

46. 爸爸万岁

一回家，弟弟就凑上了我的耳朵："告诉你一个特大新闻，爸爸今天穿西装啦！""真的？""骗人是小狗！"……于是，我学着爸爸平时神气的语调，对爸爸说："衣服嘛，只要有得穿就行了！出啥洋相啊？"尽管我最终还是忍不住笑了起来，爸爸却被说得挺不好意思。"嘿嘿"笑了几声，才以"我也更新更新观念嘛"来搪塞，还答应我们："星期天，我带你们俩上商场看看，也新潮新潮！"我和弟弟一听这话，便忙不迭地抱着爸爸的脖子，像约好了似的一齐叫起来："万岁！爸爸万岁！"

47. 冬冬的"手表"

冬冬坐在床上，把袖卷起来，看着手腕上的痣愣神儿。我走过去，指着那块痣问："冬冬，这是什么呀？""是我的手表。"冬冬天真地说。我故意逗她说："告诉姐姐，现在几点了？"冬冬看看手腕，一本正经地说："8点10分。"我听了哈哈大笑。她莫名其妙地望着我，好像在说："你笑什么呀？"我对她说："冬冬，现在不是8点10分，是1点。"我指着痣对她说："这是痣，不是手表，知道了吗？"她似懂非懂地点了点头。

48. 给猫剪胡子

一次傍晚，爸爸从地里回来，看见我坐在门口拿着小剪刀在剪小猫嘴上的胡子。显然小猫是不愿意让我剪它的两撇胡子，在我的腿上乱抓乱蹬。爸爸跑过来，拿去我手中的小剪刀，对我说："小军，你在干什么？""给小猫剪胡子呀。"我回答说。"你为什么要给猫剪胡子呀？"我毫不犹豫地说："小猫比我小，就是因为它的嘴两边长了长胡子，我却要叫它爷爷，所以我要将它的胡子剪掉，以后就不要喊它爷爷了。"我的这些不懂事的话把全家人都逗得笑起来。爸爸笑得最开心了，边笑边对我说："小猫的胡子是用来测量老鼠洞口的宽窄的，你把它的胡子剪掉了，它以后就不能更好地捉老鼠了。不能因为猫长了长胡子而叫它爷爷，我指的是人长胡子，知道吗？""知道了。"我这才恍然大悟。

49. 根本不收费

一天，我在外边玩，恰好遇上了报站那位老爷爷的孙子。我走过去，半开玩笑半认真地问："喂，你爷爷一个月的收入是多少？""什么是收入？"他莫名其妙地反问我。我还以为他在装傻，便说："你装什么傻，就是你爷爷一月发报的收入啊！"按我的想法，老爷爷每天要管几百人的报纸，每月还管收报费，如此之大的工作量，不管怎样，至少得几十块钱的收入吧？谁知出乎我的意料，他的孙子说道："我爷爷发报，根本不收费。"我一愣，用不相信的口气问道："这……这是真的吗？""谁还骗你！我爷爷说了，他不是为钱。""那……那是为了什么？"突然，我明白了：老爷爷不为名，不为利，又是那样兢兢业业地工作着，他不正是为祖国四化大道铺石吗？

50. 小菊

小菊很可爱，说话常常令人发笑。"二姐，把'戏匣子'打开看看！""二姐，食物放在那铁柜里不怕馊了吗？"你看，把电视机说成"戏匣子"，电冰箱被取名为"铁柜子"，多有"创造性"！小菊的学习成绩如何？得试探一下。我故意把成绩单摆在显眼的地方。小菊看见，羡慕得不得了，说："呀！都是九十几！我可不行，有时考上了八十几都要乐好几天哩。"我洋洋自得，在小菊面前觉得自己高了一截，说话时常带教训的口气，可她一点也不介意……

51. 小表妹

一到姑妈家，就看见一个小女孩睁着黑亮的眼睛望着我，我也仔细地打量她。只见她又黑又胖，漆黑的浓眉下嵌着两颗"黑葡萄"，一双小黑手胖乎乎的。姑妈要她叫我姐姐，叫爸爸舅舅。她看看我，又看看爸爸，没说话。显然，眼前这个黑小丫就是爸爸常挂在嘴边的那个未满五岁的小表妹了。于是，我笑着问她："你叫什么名字？"她看看姑妈，低声说："刘芳。"我又问她几个问题，她都一一作了回答，而且越说越高兴，围着我"姐姐、姐姐"地叫个不停。

后来芳芳拿出一本叫《金刚葫芦娃》的故事书要我给她讲。我正讲得入神，她突然叫起来："姐姐，姐姐！"我瞪了她一眼，沉着脸说："吓了我一跳，我不读了！"芳芳小嘴一撇，低着头，从口里挤出几个字来："这句话，我会读。"她拿过书，用肉嘟嘟的小黑手指点着，一个字一个字地读起来。才读了一会儿，就听不见声音了。我一笑，拍拍她的小脸，说："这个字不会读了吧？"她的小嘴又撇了起来，眼睛狡猾地盯着我说："这个字你会读？""当然会。""那你读呀！""我才不读呢！""不读就是不会读！""哼，这个字念'赢'！""哈哈，我知道了，这个字念'赢'！嘻嘻，姐姐上当啦！"芳芳望着我，得意地扮个鬼脸，跑了。我在后面只能说一句："真倒霉，居然被她的激将法给骗了！"

52. 高音喇叭

妈妈听到哭声，"噔噔噔"地跑了过来。你知道，我妈妈就是那么个急性子，她一进门就直着喉咙训我："你这个大姐姐，怎么不好好地带妹妹，只知道弄得她们哭。"妈妈越说越气，我刚想分辩，可她一抬巴掌，"啪！"我直觉得脸上火辣辣的。我感到委屈，鼻子一酸，"哇哇哇！"我不禁大哭起来。我的哭声在小房间里像刮了阵台风。我原以为，这回我要给他们"领唱"了，谁料到她们被我的"高音喇叭"一吓，倒不哭了。

53. 买作业本

第二天，就要上课了，我还有五六种作业本没买。来到商店一看，好家伙，这么多人！我用手指使劲弹玻璃柜台，示意售货员过来，她仍对我"无动于衷"。我是个急脾气，一下子火了，"通"的一拳，擂在了柜台上："嘿！我要买本！"

她嫣然一笑，走了过来，像是在她意料之中："呵！又来了个急脾气，明天就开学，今天才买作业本，以后要注意喽。"

她那一笑，使我一下子消了气。

54. 红杜鹃

又是一个星期天，我在门口走廊上乘凉，她也抱着孩子出来了。奇怪，她怎么还穿着那件印满红杜鹃的红褂子？土里土气，怪碍眼的。

"你怎么老穿这……"我忍不住问了一句。

"俺喜欢这……这红杜鹃。"她羞涩而又小心地，用带着浓重的北

方口音说，"春天一来，俺那儿坡上都是一团团，一簇簇，红红火火的，可好看了。"

农村人就是傻，放着邻居阿姨给她的新潮衣服不穿，却把一件旧褂子当宝贝。

"那怎么来这里当保姆？"出于好奇，我又问了一句。

"俺那儿穷，山高地不肥，不能在家吃闲饭呀。"

"你只是来看孩子的，楼里的事你又何苦干呢？"我问。

这回她笑了："反正也是闲着，能干就干一点嘛。"

我心里微微一震，又瞟了她一眼，那赤红色的脸洋溢着勤劳带来的欢欣。

55. 心中有个太阳

"太阳下山了，你看，夕阳多美啊！她明天又会来到东方的天空，那时候她就像个小姑娘了。"妈妈轻轻地对我说。我拍着手笑了，说："太阳能够返老还童啊！她为什么有这么大的本领呢？""因为她是太阳啊！""人也能返老还童吗？""会的，只要我们心中也有一个太阳。"我疑惑地抬起头，夕阳下望到了妈妈那张年轻自信的脸。

56. 爸爸的生日

"我的生日……噢，瞧我这记性，又忘了。"爸爸接着说："怪不得你们都不理我。"说完，对大姐小声说："你妈给我留好吃的了没有？"妈妈把热好的饭菜摆在饭桌上，假装生气地说："快吃吧，一会儿又凉了，你天天在外，连星期天也不回家，干脆把图纸当饭吃吧。"爸爸连忙坐下来，大口大口地吃饭。

57. 冒牌高原

下课了。老师对我说:"你知道我为啥要你回答吗?是你的名字吸引了我,高原,多么气魄!谁知你只是冒牌高原,海拔比平原还低。我真希望你能成为真正的高原。"我说:"我的语文'细胞'太少,想学好也不行。"老师却笑眯眯地说:"只要有点语文'细胞'就行,你不能给它输送养料,让它分裂、繁殖、生长吗?我可以为你提供能量。"

58. 我要当女笑星

"爸爸,给我买盒相声磁带吧!""妈妈,替我借本相声书吧!"自从在电视里观看了"蛇年春节联欢"节目后,我就迷上了相声,天天听相声,读相声,相声演员的名字像宝贝似的一天数上好几遍:姜昆、唐杰忠、牛群、冯巩、马季、侯跃文、笑林……哥哥说:"别臭美!人家都是大笑星,你是小女孩,你有资格当吗?你能说相声吗?"我涨红了脸喊起来:"我发誓:我偏要当女笑星,我偏要说相声!"

59. 学包饺子

好久没吃饺子,真有点儿馋。星期天,我向妈妈要求吃一顿饺子。妈妈说:"吃饺子可以,但是有个条件。"我马上答应:"行,我保证做到。""你爸爸下班晚,你得帮我包,要不就吃不上。"这可难住我了,我也不会呀?可是妈妈说:"不会不要紧,我教给你。"哎,为了吃饺子,只好硬着头皮学吧!

60. 哥哥长大了

记得有一天早晨，大雨发狂地下着。

我说："哥，这么大的雨，不去上学了吧？"

哥哥一边拿雨伞，一边说："这点雨就吓着你了？快，上来吧！"说着，他蹲下身子。

我迟疑地说："你别背我了……"

哥哥笑着打断我的话说："你还怕哥哥背不动你？别说这么小，就是到了60岁，你还是哥哥的小妹妹！"

我笑了，顺从地伏在哥哥那结实的背上。雨水砸在地上，溅起无数小水泡，路旁的野花在风雨中颤抖，小路泥泞不堪。我举着伞紧紧伏在哥哥背上。

哥哥在风雨中摇晃着，深一脚浅一脚地往前走，他说："把伞往后打，岚岚，你的背要淋湿了。"

但我一看见哥哥那双沾满泥泞的脚和那湿透的裤脚，便偷偷地把伞往前移动。好不容易来到学校，哥哥放下我，见我衣服淋湿了，便生气地说："不是让你把伞往后挪了吗？"

"那你怎么办呢？"

"哥哥大了，没关系，岚岚小，淋湿了要得病的……"

61. 农民也要看书

妈妈说："老头子，你得到什么宝贝了，这么高兴？""我买书了。"爸爸高兴地回答。妈妈听见是书，就说："你买这么多书干什么？你又不识几个字，还想当教授怎么着？"爸爸毫不示弱地说："我怎么了？农民就不兴看书？农民也得有科学文化知识，现在不是讲究科学种田吗?"

62. 为何得"0"分

我连做带验算,只用一个小时就交卷了。可没想到竟然得了"鸭蛋"。

我气坏了,去找老师评理:"人家明明全做对了,为什么得'0'分?"

老师平静地说:"你无故不参加考试,我为什么不能给你得'0'分?"

一张卷子放在我面前,我一看竟然没写名字。我想再争辩几句,老师严肃地说:"假如让你与外国签署一个合同,在收货单位上忘了写名字,国家上百万上千万的货款就丢在你手里了,那是多大的损失啊!"

63. 爸爸学英语

有一天,一个英语单词,我教了好几遍,爸爸还是读不准,我有些不耐烦了,问:"爸爸,你额上皱纹这么多了,还学什么英语呢?"爸爸笑着回答:"毛主席五十多岁还学英语呢!人活在世上,就要学习,况且,我是当干部的,更应该作出样子。""噢,我懂了……今天开始学习句型,——good morning。"

64. 新同学李燕华

"同学们,今天我们班来了一位新同学,她叫李燕华,是从哈尔滨转来的,原来是大队委,大家欢迎不欢迎?"老师话音刚落。大家就异口同声地说："欢迎!"在一阵热烈的掌声中,我们认识了李燕华同学。

65. 爸爸的礼物

"栋栋,看我给你带来什么了?"我扭头一看,原来是爸爸。我兴冲冲地跑到爸爸面前,急不可待地问:"爸爸,什么好东西,快拿出来让我看看吧。"爸爸笑了笑,从皮包里拿出一个小纸袋,从小纸袋里掏出邮票镊子,小心翼翼地将它们插入集邮簿。

66. 党员爸爸

走到我家的包产田边,见田干的。来到池塘边,我愣住了:池塘的水快干了,哗哗的水在抽水机管子口翻翻喷溅着。这时,我依稀看见坡上有个人在犁田,走近一看,呀,原来是爸爸在王二爷田里。我问了一声:"爸爸,您怎么帮别人犁田?我们的田干着呢,池塘的水都快要干了。"他见我不满意,便笑盈盈地对我说:"池塘没有水,到小河里去抽就是啦!"

"小河?那要多抽一级站,多花钱哩!"爸爸说:"王二爷是军属,没有劳力,他的儿子在边疆保卫国家,加上王二爷前天病了。我是个党员,帮他犁一下田又有什么关系?"说着,他继续犁田去了。

67. 搭船

忽然,从岸边的路上急冲冲跑过一个30多岁的中年人,一身西服褪了色,领带在脖子上不知打了几个结,皮鞋上溅满了泥土。"大……大爷,能……能不能再……再送我一趟。"他已跑得喘不过气来

了。爷爷看了看他，又掏出烟袋，点着一锅，"吧嗒——吧嗒"吸着，似乎犹豫不决。"大爷，我实在有急事哪，咱也不能白搭您的船，咱这儿有几个钱，您拿去喝盅酒吧。"说着，他真的掏出钱来。爷爷还是没动，烟雾依然在升腾。"大爷，我是个生意人，抢时间哩，您不晓得，晚一分钟，我不知道要亏多少啊。"爷爷终于站起身，说道："还是原来的价，上船吧。"那人高兴起来，一步从岸上跳上船。

天更黑了。爷爷解开船绳，刚支开船，远处又传来了一阵喊声："别走啊！等一等，有人搭船啊。"跑来的是个少妇，怀里还抱着一个两三岁的孩子，爷爷又把船靠了回去。那少妇满脸焦急的神情。"大爷，孩子生病了，脸蛋烧得通红，一句话也说不出来，一天没吃东西，偏巧他爹不在家，都快把我急疯了，村里的卫生所去过了，不顶用，麻烦您老，能不能渡我们娘俩到镇上去？""快上船，别的甭说。"爷爷爽快地说道，"谁还没个难处，乡里乡亲，这点事算什么！"

那少妇感激万分，刚要上船，却被一只手拦住了，船上的中年人开了腔："大爷，我可是要去新安乡，她去镇医院，这一个上游一个下游，怎么能一齐去呢？不如您先渡我，我生意紧哩。""大哥，求你，看在孩子份儿上，你先让我渡过去吧。"那少妇向那中年男子请求着。"笑话，总该有个先来后到，再说我多加了一倍船钱，你付得了吗？小兄弟，你说是不是啊？"他转过头，掏出一块糖给我，我刚伸手要接，只听"啪"一声，爷爷一巴掌把糖打进水里，脸变得铁青，我吓得"哇"的一声大哭起来。爷爷对那中年男人冷冷地说："不是每个人都钻进钱眼儿里，做生意不能坏了良心。要不你下去，要不渡完了她再渡你，随你挑。"那男的悻悻地下船了。爷爷搬起橹在水中一划，船便离了岸。

68. 我的姐姐

那是一个星期日的上午，我做完作业，正准备去玩。姐姐把我拦住了，问："你作业写完了吗？"

我满不在乎地回答道："写完了，还用得着你管！"

姐姐并没有生气，又继续说："拿来让我检查一下。"

我很不服气地掏出本子，递给姐姐。姐姐接过本子仔细地看了看，平时笑眯眯的脸变得严肃起来了，说："你做了10道题，就错了一半，这样马虎！"

我急着想出去玩，便告饶说："好姐姐，只玩一会儿，马上就回来改正！"

我也没等姐姐答应就准备溜走，却被姐姐一把抓住："改完了再去玩，现在不好好学习，将来后悔就来不及了。"

我还是坚持要去玩，姐姐硬是抓住我不放，非要我重写不可，我一看姐姐真的生气了，又知道她那犟脾气，说要干什么一定要干到底；不重写，又害怕打起架来，我打不过她，只好乖乖地改起来。

69. 可怜的小男孩

去年有一天，我随妈妈到她老同事家去玩。一进门，见一个七八岁的小男孩趴在桌子上写着什么，两腮挂着泪珠。我走近一看，不禁吃了一惊，原来他正在做方程题。题虽不很复杂，可对他来说并不容易。我轻声问他："是谁教你的？""我妈。"他小声回答。我又问："你知道什么叫方程吗？"他摇摇头说："我妈没说，只教我怎么做。"他想了一会儿，又说："方程就是求 X。"我听了觉得好笑，又指着另一张纸上密密麻麻的题目问："你为什么要做这些题？你会吗？"他摇摇头，接着又委屈地说："不会，是我妈让我做的，做不出就要打我，还不让我出去玩。"他说着，抽泣着，晶莹的泪珠从胖乎乎的脸上滚了下来。他不时地瞅着里屋，生怕他妈妈突然出来。

70. 奶奶讲故事

"奶奶（我们这里外婆也称奶奶），为什么萤火虫要提着灯笼飞呢？"

"那是因为呀，要给失了道的孩子照亮。"外婆笑了，舒展开满脸核桃似的皱纹，小眼睛一闪一闪的。

"那么奶奶要是迷了路，萤火虫会给照亮吗？"

"会的，会的，只要是好人都会的。"外婆慈爱地把我抱在怀里，讲起了一个古老的传说：

"很久很久以前，在东边的一个美丽的大湖里，住着一只金色的凤凰和一群银色的萤火虫。湖边还有一个小村子，住着些穷苦、善良的人们……"

71. 远亲不如近邻

"奶来了！"北屋的刘奶奶在院门口喊了一声。南屋的爷爷，西屋的姥姥全走出来拿奶。

刘奶奶捧着奶袋走到院中说："先放在这里吧。"

西屋的姥姥拄着拐杖说："天天都让大家替我拿奶，太谢谢了。"

"哎，这话说哪儿去了，远亲不如近邻嘛。"东屋的大妈插了一句。

72. 丑小鸭

"妈妈，为什么有些人长得好看，而有些人长的难看？"

"因为这世上有丑小鸭和白天鹅之分。"

"我是丑小鸭吗？"

"是的，你永远是我的丑小鸭。"

73. 小溪旁边

小溪，五光十色，溢彩流金。那是什么？哦，是一条崭新的花被单。一位胖大嫂挥动她粗壮有力的手臂，上下掀动着花被单，拨得溪水飞溅，像启动了一台搅水机。"唷！水花弄得这么大，还让不让人家洗？"相邻的一位大嫂提出了"抗议"，"洗条被单，就这么了不起？你看我洗的都是些尼龙蚊帐啦，的确良、毛料子衣服啦……"

"稀奇，稀奇！如今谁家没有这些东西？你看李大嫂，她洗的东西才高级呢。"胖大嫂不甘示弱，反唇相讥。那李大嫂双颊微红，细声应道："其实，我也没有什么好东西要洗，摩托车垫套、电视机罩、缝纫机罩、沙发罩……都是些不显眼的东西，哈哈……"李大嫂言慢语细，调门可也不低。"看！我这里还有一些不惹人注意的东西。"胖大嫂说着，从竹篮底下翻出几块色彩斑斓的锦缎。啊！原来是漂亮的窗帘。"看见了吧，新盖的楼房可少不了它。"胖大嫂神气活现。

啊！欢乐的小溪，分享着当今农村的幸福和富裕；清澈的小溪，映现出新农村的秀丽春色和锦绣前景。

74. 死要面子

那天，卫华哥家很热闹，全村人都来喝喜酒，酒席摆到了屋外的晒场上。"卫华哥还真大方，请了那么多人喝喜酒。"我暗暗地为卫华哥感到高兴。新娘快来了，我便过去想先睹为快。走到卫华家的东窗口时，忽然听到大妈吃惊的声音：

"不是已经送去500块了吗，怎么还要50？"

"是啊，我也这么说，可亲家母好歹也不松口。"这是媒人的声音。

"那可怎么办呀，现在我拿不出这么多钱，上次向他舅借来的500块钱也早花光了。"大妈焦虑地说。

"可不拿钱，他们不放人怎么办？这样吧，先凑一下再说。我这儿有10块，你先拿着，再到外面想想法子。"

"唉！事到如今也只有这么办了。"大妈叹了口气出去了。

听到这，我大吃一惊。大妈没有那么多钱，干吗摆那么多酒席，我疑惑不解。后来听别人说，大妈是为了要"面子"。可是去年，大妈终因劳累成疾去世了。

真不明白，一张"面子"，竟值得用人的生命去交换！

75. 外公也要学习

"今天晚上，我也要看看哈雷彗星。"

外公一本正经地说："啊，什么哈雷彗星，就是扫帚星，今晚电视节目介绍哈雷彗星的记录片。"

看看外公的神态，听着似乎有学问的话语，我忍住笑，半开玩笑地说："看不出，原来我外公还是一位老学者呢。"

别拿你外公寻开心，我只是想了解得多一些，再说那娱乐节目，只是笑笑而已，笑过了，就没有了，没啥意思。"

说得多好啊——可是，不管外公"包装"得多好，还是逃不过我这双"火眼金睛"。原来，前些天，我那上小学一年级的表弟拿"哈雷彗星"这个词去请教外公，只见外公在表弟耳旁说了两句，尽管声音轻，还是被我听见："哈雷彗星就是星星……"

看来是不得不请教别人了，问老邻居，也只知道是扫帚星。昨天，电视节目预告，外公真是像得到宝贝一样，电视机将给他揭开哈雷彗星之谜。

76. 老人跳舞

乐曲一停，老奶奶们轻松自如地摆摆臂、弯弯腰，到大街边的石凳上坐下休息。这时一位戴眼镜的青年人走上前去，问道："老太太，你们怎么也兴跳迪斯科啊？"

"怎么，跳舞只是你们青年人的事，我们老人就沾不上边儿？"一位老奶奶反问道。

"不，不，不，我不过是感到新奇，问问而已。"那青年边摇手边急促地解释。

"我们的前半辈子很辛苦，除了工作，还有家务，经济不宽裕，常常愁吃又愁穿，心境也不好，所以哪有心思顾别的。现在退休了，想多活几年，因此大家一块儿跳跳舞，练练身体，安度晚年。"另一位奶奶不无感慨地说。

这时，旁边的一位老太太也开了腔："社会主义好，各界人士都关心我们，老年迪斯科舞的动作是有关部门特意为我们设计的，让我们活动活动那快'生锈'的关节。这样有病治病，无病健身，希望延年益寿呐！"正说着，铿锵有力的乐曲声又响了起来，她们忙整整衣

53

裳，精神抖擞地回到队伍中，又欢快地跳了起来。

77. 真挚的友情

"诗诗，最近你总是闷闷不乐的，有什么事吗?"我不解地问道"你一向都很乐观的。"

"下星期，爸爸要带我去美国了。"好久，她才吐出这么一句。顿时，我的心沉了下去，一种失落感油然而生。

"你不要难过，好不好?"诗诗拍拍我，"我也不想走的，但是他毕竟是我爸爸。"

"我明白，"我勉强挤出笑容，"以后你要多照顾自己。"

"嗯，"她点点头，"我走后，这间屋子就麻烦你照看了，看到它，就会想起那些属于我们的日子。"

我忍不住抽泣了起来："你……要……常……写……信。"

"我会的。"诗诗的声音也有些哽咽，但是她忍住了，"不要伤心嘛，我又不是去了不回来了。"

她牵着我的手说："来，我唱支歌给你听。"

她熟练地拨弄着琴弦，一串美妙的音符流了出来：

"自从相思河畔见了你，无限的爱在我的心窝里，请你静静地听我说，不要把我忘记。"

……

她走了，带着我们真挚的友情走了。

78. 真面目

进来的是个四十多岁的男人，中等身材，一身布料灰色制服，脚穿一双肯定会闷出脚汗的旧翻毛皮鞋，拿着一只普通的黑皮包。

来人环视了室内的一切之后，很有礼貌地问道："同志，请问……"女秘书好像早就知道这第一句问话，而且早就想好了答案似的，不待来人说完就不冷不热地答道："出门向右有办事处，有事到那里去问。""不，我是要……""我知道。这是总经理办公室，你要问事，到办事处去问！""我是想问你……"如此顽固的人和那没完没了的问话引起了怒不可遏的回答："我说过了！这儿不是办事处，我也不是办事员！我是总经理办公室的秘书！""啊！你就是秘书。我是新被任命的第一副总经理。"

像是针扎了屁股，女秘书一下子从沙发上跳起来。"啊！那……您……您来了，真是太抱歉了！我……办公室的牌子还没挂上，什么人都可能走错门，我实在……您请坐，您先歇会儿，我去给您冲杯咖啡吧……"

很快，一个印有"上海咖啡"字样的罐子打开了。不一会儿，一只突突地冒着热气的小锅，从小电炉上端了下来，羹匙与茶杯碰撞声音和电报大楼报时的钟声交织着响了起来。办公室里弥漫着咖啡的气味。

79. 汉山伯的心愿

一天，我去拜访汉山伯，专门和他谈了有关收购鼠尾的事情。

"有人说你在干傻事，你看呢？"

"那是没眼光，要是再让老鼠繁殖、横行，我看呀，不定啥光景，连人站的地方也没有喽。"

汉山伯哈哈大笑，接着又说："现在有钱了，就图个安稳。过去是别人不叫俺过安稳日，现在是老鼠。花点钱，就图过安稳日子，也免得后辈骂俺们，哈哈！"

"那鼠尾咋处理呢？"

"别担心，俺用石灰水滚了，再深埋在地下，不怕瘟疫的。"

汉山伯真不简单，富裕了不忘为大家、为子孙造福。

80. 老实巴交的哥哥

晚上，我很早就睡了。正在睡眼惺忪间，忽听有人在说话，睁眼一看，原来是妈妈和哥哥。

"妈，你把贺礼退了吧。"

"真是傻孩子，把贺礼退了，我拿什么给你办婚事呀？"

"妈，我看参加集体婚礼倒挺好，又省钱，又省力，又热闹，这可是三全其美呀！"

"好！"听了哥哥的这话，我一下子从床上跳起来，"我举双手赞成！"

"疯丫头，瞎嚷什么！"妈妈瞪了我一眼，转身对哥哥说："不行，我不同意！"

"老顽固！"我暗暗地顶了妈妈一句，却不敢再吱声，悻悻地躺下了。但我的眼睛却紧张地注视着这场面，希望哥哥能说服妈妈。

哥哥急了，虎着脸说："妈，你要不同意，我就不结婚！"

这一招真绝。妈妈的口气软了下来："阿明，俗话说，'树要树皮，人要脸皮'，人家都把婚事办得像模像样的，我怎么能拉下脸来让你们去参加什么集体婚礼呢？再说，村里有好几个人要结婚，怎么偏你要……"

"其实，他们心里也很愿意，就是没人带头。我是团员，秀芝是团支部书记，我们不带头谁带头？可你总是'面子'呀'面子'，难道像卫华哥那样就有'面子'啦？"

"妈，明年你不是要办个机械化养鸡场吗？要是把钱花了，你上哪儿弄钱去呀？妈，你就听我这一回吧！"

"那——也得秀芝和她家里同意才行啊！"妈妈终于松口了。

"妈！你同意了？"哥哥面露喜气，"其实呀，这还是秀芝提出来的呢！"

"瞧你这高兴劲！"妈妈嗔怪道，脸上却绽开了笑容。

我差点笑出声来。怪不得平时老实巴交的哥哥，今天这么能说会道，原来是即将上任的"嫂子"在做幕后指挥哩！

81． 不讲理的老太婆

一位白头发的老人刚点好一支烟，便随手把火柴吹灭往地上丢。但他忽然又弯下腰把那根火柴捡起来，正朝着垃圾箱走过去的时候，一个胖乎乎的老太婆却皮肉不笑地过来拦住他说："罚 1 元钱！"边说着已将一张罚款单塞到老人的手里了。老人向她解释道："我不是已捡起来了吗？""嘿，老滑头！没有看见我，你会捡起来吗？"那老人说："我深度近视眼，真的没瞧见您……"可老太婆一手夺下了老人的烟，拉破嗓门说："深度近视眼，火柴怎么看得见的？你再狡猾，要罚你 5 元啦！"边说，她又一把拉老人的胸襟，搡了搡，嚷着："快把钱拿出来！拿出来！"……

82． 主任爸爸

一次，一个中年人带着两瓶酒、一条好烟，还有几块布料来找爸爸。"又是走后门！"我心里暗暗骂道，"烦死人了！"

那个中年人把东西放在桌上，说："郑主任，听说这次招工是要考试的，在我儿子身上，请您帮个忙吧。"

爸爸玩着指甲剪，似乎漫不经心地说："这个嘛，有点困难……听说你们那盖房子，是不是——"

那人立刻心领神会："噢，这个好说，好说，这一定尽力而为。那我儿子的事——"

"我一定帮忙。"爸爸的脸上露出了笑容，蛮有把握地说。

那人轻轻地推一推桌面上的礼物，说："这些请你笑纳。"

"哎，这怎么行？"爸爸嘴这么说，却坐着不动。于是，他们相视而笑……

83. 相信自己

"离中考还剩多少天了？"

"还有 100 天。不算今天是 99 天，"我说，"到现在为止，半个小时里，你已经问过七次了！"

"是吗？"你用纤柔的手理了理披肩的秀发，露出了那张文静而白净的脸，显出几分憔悴。

"我好怕！"你说完，双手又是合十又是不停地划十字，"众神保佑……"

那副虔诚的神态，像一心向佛的尼姑，又像忠贞不渝的修女。

"你知道吧？"我只能这样对你说。

"众神都已死去。"我平静地说，"中国的，外国的。"

"你怎么知道的？"你面色是那样灰白。

"昨天晚上，死神与阎王一同告诉我的。"我仍平静地说，"他们说完，就在我面前也死去了。"

"……你骗人！"你嗔怒。

"我没有骗你。"我认真地说，"不过，他们临死前还告诉我一句话……"

"告诉你什么？"你急切地追问。

"告诉我，只有'我'活着！"我说完向你伸出了手，"把祈祷的

心思和时间还给中学生的你吧！在众神已死去的时候，你就是那个向命运挑战的巨人，信心和意志就是你的剑；合理调节自己，便是你的盾，你一定能胜利！"

你不停地眨眼，但终于微笑着伸出了手，以至双目有点潮湿："……是的，相信自己。"

我希望你能重复一遍：只有"我"活着！

84. 敬爱的石老师

一天，已放学了，我到老师家去拿忘了的作业本。他的小女儿正坐在爸爸的膝上，哭着要麦芽糖——在我们那儿，当时是很平常的食物。老师哄着她，那神情又跟送我们回家时一个样儿："别哭，等爸爸发了工资，一定给你买……""爸爸有了钱就寄给奶奶，不会给我买糖的。"女儿哭得更响了。石老师没再说什么，只是更紧地搂住了女儿。过了许久，又打起精神说："哎，爸爸给你扎一个最好看的小辫，让别人都夸你漂亮，好不好？""好！"女儿立刻破涕为笑。石老师蹲下身来，嘴里咬着几根牛皮筋，两只大手在女儿的头发上绕来绕去，不一会儿，就生出了两朵玲珑可爱的小花，真看不出这位方头方脑的石老师有这样的"手艺"！

对于石老师的身世，我一无所知，只知道他和他的两个女儿住在学校的一间平房里。两个小千金在乡下算是很出众的妞儿，特别是头发上的小辫，一天一个花样，别致可爱。

85. 自私的徐丽

这时，李小芳对徐丽说："徐丽，你把那片儿废纸从咱班的卫生区扔到别的班的卫生区，这可不对，你……"

没等小芳说完，徐丽把眼一瞪："我这是为了咱们集体的荣誉，你反而错怪了我的一片好意。"

徐丽连珠炮似地说个没完。周小荣气呼呼地说："这样得来的荣誉，我们不要。"

"你们不要我要！"徐丽一句也不饶人。

"你这是虚荣心作怪！"

"如果别的班同学为了'集体'荣誉，把废纸扔在咱们班的卫生区里，你会高兴吗？"

"这……"徐丽那张伶俐的嘴顿时不知说什么好了。

86. 小刚的作业本

7：50，小刚搓着朦胧的睡眼拖着步子进了教室，课代表正在收作业，叫道："小刚，你的作业！"

小刚一听马上直起了腰，呆呆地立着，突然，他一拍自己的脑门，弓着腰从书包里翻找起来，课代表敲敲桌子："还没找到吗？就差你的。"

小刚一面找一面嚷着："我做了，别着急。"

好不容易小刚把作业本从书包里拽了出来，交给了课代表。课代表看看这本"蓬松"的本子，摇摇头出了教室。

87. 给他的贺年卡

"董理，这个送给你，中午放学回家再打开看。"我正专心致志地做作业时，后面的王霄递过来一张精美的贺年卡。"现在不能看？"我犹豫了一下，"不行！"她狡黠地笑了笑。"好吧"，我望着她那双神秘的眼睛，无可奈何地答应了。

88. 家里来的客人

记得一个星期天，我想多睡一会儿，赖在床上不起来。爸爸看见了，把我从床上拽起来，说："小懒虫，快起来，马上就要来客人了！"

"客人？是谁呀？"我奇怪地问。

"你不知道，你妈要调动工作了，请领导来吃一顿饭。我清早就起来把菜买好了。"

我一看，果然不假。瞧，绿油油的青菜，小灯笼似的辣椒。活蹦乱跳的鲤鱼，还有一只又大又肥的母鸡，是鸡鱼肉蛋，样样俱全。

这时，妈妈从厨房里走出来，一见我还在床上，就开腔了："哎呀，你怎么还不起来？快点。"

我边穿衣服边批评妈妈："妈，您又开后门了，调一下工作还得请领导吃饭，你就不能凭自己的真本事？"

妈妈有点火了："你小孩子懂什么，快穿衣服？"我只好不作声了。

89. 我的奖杯

我举起奖杯，走下领奖台，不由自主地来到王兰面前，说："这里面有你多少心血啊！奖杯应该是你的。"王兰却把奖杯推回来说："不，荣誉是你得来的，我应该祝贺你。"

90. 大婶的生日

我吃着香喷喷的抓饭，不时地看表。大婶今天特别高兴。说：

"姑娘，不要急！有你大叔送你回去。"我正要说什么，大叔悄悄对我说："别推辞，她又要拿我问罪了。"大婶看大叔那模样，故意瞪着眼睛问："说我什么坏话了？"大叔一本正经把手一摊："我怎么会在人生日这天说她坏话呢？"大婶听了，"噗哧"一声笑了。我也笑了。

91. 做家务的爸爸

妈妈在卧室里整理床铺，一边冲着爸爸唠叨："你看，你看，床上都是烟灰，你夜里又吸烟啦！"爸爸笑而不答，只管在厨房里刷锅，洗碗……过了一会儿，妈妈对爸爸说："大忙人，我今天上中班，这水池里的一大堆衣服你就承包了吧！"爸爸笑嘻嘻地说："老板给多少钱？咱先签个合同……"

92. 家里的小帮手

中午吃完饭，妈妈叫我洗碗，我不肯洗，妈妈用婉转的语气说："我的小洗碗机，快去洗碗吧！"我就高高兴兴去洗碗了。我一边洗一边说："妈妈，那你是小天鹅洗衣机啦！"因为妈妈常常给我们洗衣服。爸爸不甘落后地说："我是电饭锅，因为我天天给你们烧饭。"我笑着说："哈，我们都是家用电器了！"

93. 孔乙己

孔乙己一到店，所有喝酒的人便都看着他笑，有的叫道，"孔乙己，你脸上又添上新伤疤了！"

他不回答，对柜里说，"温两碗酒，要一碟茴香豆。"便排出几文大钱。

他们又故意的高声嚷道，"你一定又偷了人家的东西了！"

孔乙己睁大眼睛说，"你怎么这样凭空污人清白……"

"什么清白？我前天亲眼见你偷了何家的书，吊着打。"

孔乙己便涨红了脸，额上的青筋条条绽出，争辩道，"窃书不能算偷……窃书！……读书人的事，能算偷么？"

94．送报纸的邮递员

大门开了，走进来一位年轻的邮递员。只见他全身衣服湿透了，裤腿卷得高高的，从膝盖到脚全沾满了泥水，好像刚从泥地里爬起来似的。他手里捧着一包用油布包着的邮件，顾不上抹脸上的雨水，对屋里人说："《儿童时代》来啦！"

95．骑车的人

等她走近，我才有机会仔细地打量了她一番：只见她齐耳的短发，一双眼睛大大的，嘴角还带着笑。上身穿一件红色衣服，别着"苏州十中"的校徽。她温和地对我说："小妹妹，坐我的车吧！"说着，她把自行车推了过来。

96．他们俩

她轻轻的跨了几大步，又忽然停下。手紧握着手，汗都要挤出。头小心翼翼的轻轻扭过一点点，大大的眼睛窥视着身后的他。眼神里充满着光彩，不到两秒钟便又轻轻地回过头来，继续往前大跨其步。心里警告自己：走就走的干脆利落，不要留下一丝留恋，哪怕明知道自己做不到，也不能让他知道自己做不到。走，头也不回的走掉。

"邱颜语，你真的没话跟我说？"他撕喊着，喉咙破了也不在乎。那种渴望与不解复杂而又掺杂着泪的眼神，有太多的不舍。言语哽咽的像几天没喝水，泪似春雨般连绵不绝。但像钢铁一样又硬又冷的真不知道，真不知道出自谁口。"该说的已说完，以后我们不要再见面了，路上遇到了，就当彼此是空气吧！"一个个字像针一样锋利地刺伤了他的心。她说完便走了。他痛苦不堪的瘫软在地，忘记了流泪。

97. 我和哥哥打赌

今天晚上，我和哥哥打赌，我说世界上最好的车子是法拉利，哥哥说是奔驰。我们争执不下，最后决定查我家的那本《车大全》。

"要是我赢了，怎么办？"我问。

"你赢了，我请你吃肯德基。"哥哥回答。

"我输了呢？"我又问。"输了你请我呀！"

"行！"我们勾了勾手。然后打开《车大全》，一看，是法拉利。

"耶！请我吃肯德基！嘻嘻，哥哥做书（输）记！"

吃着肯德基，我却又说成奔驰。哥哥无奈地说："下次你请我吧。"

98. 溜冰场的我们

今天是星期天，我和徐大羽、汪子文一起去溜冰。来到溜冰场，只见里面人山人海。我们不禁欢呼起来。穿上溜冰鞋，到了场中央。因为我和汪子文已经熟练了，徐大羽呢，才走一步就一个跟头跌了下来。他痛苦地喊："救命啊，救命啊！"我们很心疼地说："快起来啊！""你们来扶我嘛！"看见他这样子，我们就滑过去，刚准备扶他，他却把我们一拉，我们跌了下来，而他呢，很快爬起来逃走了，还掉

过头得意地说："拜拜啦！"刚得意一会，就被一个大男孩碰倒了。我们哈哈大笑。

99. 我和同桌

上课时，我突然发现桌上的文具盒不见了。"你看见我的文具盒了吗？"我看着他，焦急地问。"没有，我什么都没看见。"他说完忍不住笑了起来。我有点明白了。老师走进来，我举起手。同桌急了："我……我，给你给你，请你不要告诉老师。"我"扑哧"笑了："这还差不多。"

100. 我的小表妹

有一次，我外地的小表妹到我家。我叫了她一声："MM（妹妹），过来！"她喜滋滋地跑过来。我装着严肃的样子，说："来，你帮我洗脚！"她一听，连连摇头："不，不嘛，我现在告你状去。""好了好了，我不和你开玩笑了。"我慌忙而逃。

101. 黄老师

赵新天发现黄老师后，轻轻喊了声："黄老师。"黄老师抬起头，惊疑地看着面前这位十七八岁的小伙子。"我是赵新天呀，是您以前的学生。""赵——新——天……你是那个捣蛋鬼呀?!""对呀。"赵新天不好意思地笑了笑。"长这么高了，都快认不出来了。"黄老师上下仔细打量着他，"今年该是……哦，今年要考大学了吧?""是啊。这不，我买参考书来了。""高三学习挺辛苦吧?""苦是苦，但总得学啊，再不努力就迟了。"赵新天调皮地说。"不错，小伙子，好好干，考上大学别忘了告诉我一声。"说着，黄老师欣慰地笑了。

102．爸爸的希望

爸爸充满希望地对我说："贝贝啊！你一定要努力啊！一定要考上四中，你是爸爸妈妈的希望呢。千万不要辜负了我们的一片苦心啊，为爸妈增光，我在外面挣钱不容易啊……以后少看点电视，多看书，英语要多背，啊！"

103．互相帮助的同学

他抱着五块砖，气喘吁吁地笑着对我说："累吗？如果实在不行，你就放到我搬的砖上，我帮你搬，大家都是同学，老师不是说同学之间要互帮互助吗？没关系，我很壮的，放吧！"

104．一对双胞胎

上课了，刘老师指了指王凯严肃地说："王凯，你怎么又打架了，听说把二年级的小朋友打哭了。来，过来。"

王凯慢慢地走到刘老师跟前低下头小声地说："我没打架呀！"

刘老师双手叉腰生气地说："还敢顶嘴！"

"那是王军干的。"王凯大声地说。

"啊？"刘老师拍了拍后脑勺，自言自语地说，"对啊，他俩是双胞胎。"

"那是我冤枉了你。"刘老师握起王凯的手说。

说完，刘老师挺起胸大声地说："去，帮我把王军这个小家伙叫来，昨天我刚批评过他，今天又惹祸了。"

刘老师刚说完，王凯便一溜烟地跑了。

105. 我的奶奶

奶奶语重心长地说："孩子啊！以后有什么理想啊？长大了，有出息了，一定要把奶奶带出去见见世面。奶奶小时候可苦了，稀饭光是米汤，照得见人影，你们现在就享福啊……贝贝，坐正了！衣服要拉正，别弄得乱七八糟！"

106. 刘老师的羡慕

刘老师微笑地看着杨磊说："磊磊，你这件衣服可真漂亮呀！"

"那当然，是妈妈给我买的。"杨磊兴奋地说。

"那多少钱呀？"刘老师问道。

杨磊大声地说："300 多元。"

"啊！"刘老师大吃一惊，"这么贵，我的一件衣服才 30 元，看来妈妈真疼你啊！"

"那当然，平时妈妈给我吃的都是山珍海味，穿的都是世界名牌。"杨磊自豪地说。

刘老师转了个弯说："那你得好好读书呀。"

"我读书本来就很好。"杨磊骄傲地说。

"谁有你这样的女儿可真幸福呀！"刘老师羡慕地说。

杨磊一摆头说："那都是我妈妈教育得好。"

107. 蹬三轮的人

街上静悄悄的。妈妈背着我拖着沉重的步子往前走。她用大衣把

我裹得严严的。我什么也看不见，只听见自己急促的喘气声。

突然，有个响亮的声音在问："大嫂，您是带小孩上医院看病吗？"

"是呀！"妈妈着急地回答。

"大嫂，您就坐我这平板三轮吧！"

"能行吗？"

"行呀！您扶好了，我慢着点儿蹬就是啦！""您刚拉完货，挺累的，该回家休息了。"

"哎，大嫂，治病救人要紧哪！"

我被一双大手抱上了车。妈妈也坐上来了，把我紧紧地搂在怀里。透过大衣的缝隙，我模模糊糊地看到一个高大的背影，在前面蹬着车。

过了好一会儿，我听见妈妈说："同志，到啦！"

车平稳地停下来了。那双有力的大手，又把我从车上抱下来。

我又听妈妈说："同志，这个……您拿去喝杯酒御寒气吧！"

"大嫂……快，快……看病要紧！我在这儿等您，等孩子看完病，再拉你们回家！"

"同志，您拿着……看情况，这孩子要住院呢！"

"那好，大嫂，您快带孩子看病去，我走了！"

"哎，你这个人真是……"

可是车轮的声音已经渐渐地去远了。

全文干脆利落，没有一句多余的话。

108. 数学课上的 WC

这节数学课上，江老师在解一道方程题，我们把眼睛睁得大大的看着。

江老师在黑板上写道："A 除以 B＝K（一定）B 除以 C＝W（一

定）B＝WC"写出这个结果后，我们看到一个 WC，心里都很想笑，但看到江老师讲课神情严肃，非常投入的样子，不敢大声笑起来，只好龇牙咧嘴，贼眉鼠脸到在心里笑，脸上的表情觉得很难受，有的坐立不安，有的双手捂住脸，自己一个人偷偷地笑……

109. 竞赛之后

今日百科知识竞赛完毕，大家都觉得不错，只是有些题自己答不上，大家慨叹了一番。

"嘿嘿，今日竞赛创造了一个世界记录，自我感觉不错。"副班长说。

"倒！我可是最可怜的人哟～"连三题也不会的人说道。

"没办法，你读的书少嘛……"

"……"

"晕～沉默还要说出来吗?"

"这个……那个……反正我比你好。"

"呵呵，大家不要闹了!"老师说道，"只要你们多读书，就可以取得个好成绩了。"

"哦～～～～～～"两人异口同声应道。

他俩互相看看，大笑了起来："就是，就是，'读书好，多读书，读好书'嘛!"

"哈哈～～"笑声回荡在天空……

110. 吵闹的教室

还记得一天下午，马上要上自习了，付雨晴还没有回到教室，同学们就开始喧闹起来，教室像自由市场一样特别的热闹。这时，付雨晴推门进来了，板着脸说："都吵什么吵啊！回到自己的位子上！"同学们都乖乖地回到了各自的座位。忽然有人说："有什么了不起的，不就是个值日班长吗!"。声音虽不大，但是，付雨晴听见了，大家都认为她会发火。可是，真是出乎意料之外，付雨晴居然没有生气，还笑了笑，清了清嗓子说："无所谓，也许我平时对大家太严肃了，我不怪那位同学，还要感谢她给我提出的意见。但是，一个班要是没有严明的纪律，那班级会成什么样子？"说完后就回位了，顿时，教室里鸦雀无声。

111. 黑板与板擦

放学了，教室里静悄悄的，忽然传来呜呜的哭声。

黑板："怎么了，板擦妹妹，为什么伤心啊？"

板擦："黑板大哥，你瞧瞧，我这浑身上下伤痕累累，快疼死我了。这个班的学生太调皮了，课间把我扔来扔去，好几回我就要粉身碎骨了。让我工作时，也不消停，连磕带碰……现在倒是不眼冒金星了，可这身上青一块紫一块的，哎哟哟，真疼啊！"

黑板："妹妹啊，你哥哥我也是深有同感啊。中午，一些学生在我身上涂啊抹啊。我本是一庄重严肃的小伙子，却被他们抹成了花姑娘，难看死了。"

板擦："遇到这么一群学生，你说我俩倒多大霉啊！"

黑板："妹妹，也不能这么看问题。你想啊，这个班的学生上课积极活跃，听了他们妙语连珠的回答，你不高兴吗？"

板擦："高兴。为了他们早日成才，我还是继续忍痛奉献吧。"

112. 借来的书

还记得一次我居然忘带生物书，完了，这下一定要被罚站了！上节课老师刚规定必带书，我虽然没表现出来，内心却翻江倒海，脑子飞速旋转，在想办法。她看见我有些异常，问清了缘由后说："这不容易嘛！"说着就拉着我向其它班借书。可他们不是没带就说借人了，我看得出他们压根儿就不想借给我们，我更急了，上课铃马上要响了，我的书还没有着落，这怎么办呐？我的心呻吟了一下，但也不是毫无希望，但当跑完了最后一个班，我希望的泡沫彻底破灭了，这时我的泪也快下来了。她咬着嘴唇想了一会儿，说："你先回去，先用着我的。"说完，又接着跑开了。伴着上课铃声，她又匆匆跑进教室，脸通红，头发粘到了额上，她碰到我疑问的目光，扬了扬手里的一本破破的书，笑了笑，就走到了自己的位子上。下课后我问她，她只是说："是我人际关系广嘛！"我也是将信将疑。

113. 话的分量

这几句话从她那刀片一样的嘴唇中间吐出来，字字好像带着刀刃。只要不开口，神仙难下手。如今不管我怎么问，他只回答一句"不知道"。他很少说话，即使说话，也精选每一个字，好像在草拟电报稿。我想把那件不幸的事告诉他，可是那些话凝成了冰，重重地堆在肚子里吐不出。

114. 雨中的对话

"别扯淡，一个人能破案？那是大伙干的事，算我的？亏心。"一个大雨倾盆的日子，李高令收车回返，途中看见有个解放军战士在人行道上冒雨奔跑。这个战士不带雨具，不去坐车，是不是有什么难处？心念一动，他驱车追了上去。"同志，你跑什么？"

"回部队。"

115. 小战士的回答

罗有礼爱兵，他上任后干的一件事就是吃了一百个连队的饭，他常常在开饭时出其不意地袭击某个连队，饭后，他丢给小连长两句幽默的评语："你们连的汤啊，鸡蛋得用显微镜找，馒头能打坦克。"

"你们对当初的抉择，后悔吗？"我突兀地问。

"没有！在这块流淌着多少代军人碧血的热土上，我们找到了施展才干，实现价值的场所。"他们会意地笑着，回答我。

116. 她的话

她的话儿不多，分量却很重，话语里的每个字，都拨响了同学们的心弦。她就像一部永不生锈的播种机，不断地在孩子们的心田里播下理想和知识的种子。老师的谆谆教诲，像一股暖流，流进她那早已枯竭的心田。她大发脾气道："你一个女孩子，不是我看轻你，用秤称一称能有几两重！"

117. 新手

瞧她那黝黑的脸蛋，透露着一种不服输的性格，又粗又黑的眉毛下闪着一双玻璃球似的眼睛，小心地注视着对手的一举一动，机警灵活。凹凸的轮廓勾勒出了她对乒乓球的不懈追求。虽然个儿矮，也并

不强壮，但她仍然疯狂地热爱运动。正如她那个令人震撼的名字——雷雨点，雷打不断！

她的对手现在是 Q 同学，她毫不示弱地举起乒乓板，习惯地耸耸肩，扭扭脖子，职业性地蹲好马步，微微抬起头，露出她那双令人望而生畏的眼睛，冷笑了一声，轻声地说："发球吧！"那个黄色的小球迅速朝她射来，她毫不犹豫地一侧身子，抡起胳膊，"啪"地一下打了回去。谁知，对手也不甘示弱，又一个直射球。她警觉地皱了皱眉头，左脚往后一跨，右手对准球用力一推，眼睛一刻也不离开球。对手直接一个"杀球"，使她防不胜防，输掉一球！"可恶！"她咬了咬牙，伸手抓来一块毛巾，擦擦汗，又随便扔了回去。

118. 激动的老人

犹如把一件丢掉的珍宝找到手，他亮起眼睛，一连喊了三声"好！好！好！"

"这这……"他突然江郎才尽，心慌意乱，舌根子发短了。老人说到这里，忽然停住，犹如那被弹得过急的弦儿，突然崩断。你别在我这儿啄木鸟翻跟头，耍花屁股。俗话说：有爱孙猴儿的，就有爱猪八戒的。林子大了，啥鸟都有。

119. 临别前的话

女人低着头说："你总是很积极的。"水生说："我是村里的游击组长，是干部，自然要站在头里。他们几个也报了名。他们不敢回来，怕家里的人拖尾巴。公推我代表，回来和家里人说一说。他们全觉得你还开明一些。"女人没有说话。过了一会，她才说："你走，我不拦你。家里怎么办？"

水生指着父亲的小房，叫她小声一些。说："家里，自然有别人照顾。可是咱的庄子小，这一次参军的就有七个。庄上青年人少了，也不能全靠别人，家里的事，你就多做些，爹老了，小华还不顶事。"女人鼻子有些酸，但她并没有哭。只说：

"你明白家里的难处就好了。"水生想安慰她。因为要考虑准备的事情还太多，他只说了两句：

"千斤的担子你先担吧，打走了鬼子，我回来谢你。"

说罢，他就到别人家里去了，他说回来再和父亲谈。

鸡叫的时候，水生才回来。女人还是呆呆地坐在院子里等他，她说：

"你有什么话，嘱咐嘱咐我吧。"

"没有什么话了。我走了，你要不断进步，识字，生产。"

"嗯。"

"什么事也不要落在别人后面！"

"嗯，还有什么？"

"不要叫敌人汉奸捉活的。捉住了要和他拼命。"

这才是那最重要的一句，女人流着眼泪答应了他。

120. 宝黛对话

黛玉把花具放下，接书来瞧，从头看去，越看越爱，不顿饭时，已看了好几出了。但觉词句警人，余香满口。一面看了，只管出神，心内还默默记诵。

宝玉笑道："妹妹，你说好不好？"黛玉笑着点头儿。

宝玉笑道："我就是个'多愁多病的身'，你就是那'倾国倾城的貌'。"

黛玉听了，不觉带腮连耳的通红了，登时竖起两道似蹙的眉，瞪

了一双似睁非睁的眼，桃腮带怒，薄面含嗔，指着宝玉道："你这该死的，胡说了！好好儿的，把这些淫词艳曲弄了来，说这些混账话，欺负我。我告诉舅舅、舅母去！"

121. 卖菜的老伯

妈妈问："韭黄多少钱一斤?"卖菜的老伯说："六块，买多少?"妈妈看了看，说："那就买两斤左右吧。"老伯拿着韭黄，在电子秤上秤了一点儿，我看见秤上显示着一点二千克，他马上少拿了那么几撮，说："十二块二。"妈妈把一张十块，两张一块拿了出来，就是找不到零的两角钱。老伯冷冷说："还有两毛钱。"妈妈翻来翻去，始终找不到零钱。我们当然也知道拿给他找零钱，但只有五十块整的，老伯不肯收。他说："我找不开，你们最好到别的地方买个什么，找了钱，再给我付，要快点，你们的菜先放我这儿。"我和妈妈只好到隔壁鱼摊买了两条鱼，再给他零钱。老伯见到有零钱，才舒展开他的笑容，说："不再买一点儿?"

122. 我的老师

他50多岁了。戴着一副高度近视眼镜。他战战兢兢取下眼镜，用衣服的下摆随手擦了擦镜片。"嗯嗯……"他刚要讲话，忽然想起了什么，手忙脚乱地在盘子里找了找，又匆匆往口袋里掏了掏，掏出了一盒火柴，这才放心地又"嗯嗯"两声，站直身子，用特别响亮的声音说："现在开始看老师做实验！"

123. 县官与秀才

天下大雪，秀才、县官、财主相遇，财主提议以雪为题，每人念一句诗。秀才说了一句："大雪纷纷落地。"县官接了一句："都是皇家瑞气。"财主笑着说："再下三年何妨？"这时，来了一个穷人，一听就生气，骂了一句："放你娘的狗屁。"

124. 闰土的话

他站住了，脸上现出欢喜和凄凉的神情，动着嘴唇，却没有作声。他的态度终于恭敬起来了，分明的叫道：

"老爷！……"

我似乎打了一个寒噤，我就知道，我们之间已经隔了一层可悲的厚障壁了。我也说不出话。他回过头去说，"水生，给老爷磕头。"

125. 爱捣蛋的小孩

门被打坏了，开了一个篮球大的窟窿。班主任来了，瞪着眼："谁踢坏的？"

捣乱鬼董小天斜着眼，冷笑着："鬼知道，又没有人叫我一定要看好门？"

旁边的张小勇，朝老师做了鬼脸："哈……，开了窗，好通风。"谁知这一下却惹恼了站在旁边的高芳芳。

"是董小天，他来时，一阵风正好把门关了，他就抬起脚，用力一踢。"

董小天脚一跺："大白天别说梦话！你小心点，不要诬陷好人！"

"我才不瞎说呢，大家都看见的，你凭什么，做了坏事，还要耍嘴。"

老师说："还有谁看见的?""我，……没看见。"李星使劲地咽了一口水，神情恍惚。

126. 老奶奶的话

一位佩戴红领巾的少年给老奶奶让座。老奶奶激动地对旁边的乘客说："现在的形势真是一片大好，学习雷锋蔚然成风，社会上好人好事层出不穷。你看，这位红领巾就是一个'活雷锋'……"

127. 工商管理员的爸爸

当老板去接爸爸手中的钱时，看见了工商制服，立刻由刚才的冷冰冰变成了笑眯眯，他连忙拿回已递到爸爸手中的熟肉，慌忙说："让我再给您称一遍!"

爸爸奇怪地问老板："为啥要再称一遍?"

"刚才称错了!"老板边说边手忙脚乱地重新称肉。

"你咋知道称错了?"

老板用手抹了一把脸上沁出来的汗珠，脸涨得跟柜台上的猪肝似的，半天才吞吞吐吐地说："这，这……"

爸爸严厉地问老板："这什么?"

老板低下了头，小声说："这是七块钱的肉，不够半斤。"

爸爸冷冷地看了看卖肉的老板，说："平常看你怪老实的，谁知道你竟敢缺斤少两，欺骗顾客，跟我到局里走一趟吧!"

128. 岳父的语言

岳父胡屠户对范进中举前后持以截然不同的态度，范进在中举前，穷困潦倒。有一次向他岳父借乡试盘费，胡屠户不但不借，还将范进骂了一个狗血喷头："像你这尖嘴猴腮，也该撒抛尿自己照照！不三不四就想天鹅屁吃！趁早收了这条心。"

范进中举后，同是这个胡屠户，却换了一副嘴脸："我的这个贤婿，才学又高，品貌又好，就是城里头那张府、周府这些老爷，也没有我女婿这样一个体面的相貌。"

129. 让小纸船永远航行

对于茫茫的湖水来说，小纸船是渺小的。一个小小的浪花打来，都能把它淹没。可是，我心中的小纸船是坚强的，是永远挺立在湖面上的。

"或许我可以让小纸船开始它第一次的旅行"我拿起刚折好的船儿自言自语，期待着这刺激的行动。

我走到湖水边，把小纸船往湍急的湖水里轻轻一推，船儿乘风而行，轻风托着小纸船，在水面上漂呀，漂呀……

130. 课堂上的老师

今天上午的科学课上，胡老师说："今天我给大家讲发电这一课。"大家听到发电这个词都疑惑不解，有的在抓耳挠腮，有的正在沉思中，还有的傻呆呆地坐在那儿，望着老师。老师叫我们把准备好的材料拿出来，我们迅速地就把工具准备好了，然后老师给我们讲了一下过程："先把电池立在桌上，再把灯泡放在电池顶端，最后把电线放在下面的金属那里，灯泡自然就会亮。"我尝试了一下，啊！灯泡亮起来了，其他同学也试了试，教室顿时明亮起来了。这个实验让我们玩得不亦乐乎。

131. 热闹的街

解放碑非常热闹！有川流不息、五颜六色、形态各异的汽车，它们响着各种各样的喇叭声，警察都拿这些车子没办法了，大声喊道："请各位把您的车开快点，小心楼上掉东西下来。"

街上还有一群人在吵架，一个人骂另一个人是黄脸婆，那个人又骂这个人是白痴，多么难听啊！

听听，这是多么优美的歌声啊！对，这正是周杰伦在钟楼前开演唱会，他的歌迷们在舞台下兴奋地跳着，叫着。

哇！今天商店要打折了。所有的人都挤进了商店，有的拿着一个包，说："这是我先拿到的，这是我先盯上的……"有的左看看，右看看，怎么也找不到想要的东西，还有的在毫不留情地抢着衣服，把这里弄得乱七八糟。结果，收银员大声斥责道："那边的，你弄乱了我们商店的衣服，赔得起吗？"她们听了，羞愧地低下了头……

132. 街边的人们

在街上有来来往往，形态各异的人。有提着满满一篮子水果的老婆婆，只见她们弯腰驼背地在街上慢慢地走着，不时抱怨着："年纪大了，身子不好了。"有推着宝宝摇篮车的妈妈，在一边哄小宝宝"不哭，不哭"一边平稳地推着摇篮车。在盲人道上，盲人杵着拐杖在吃力地向前进，只听他的拐杖不断地发出"嘟、嘟、嘟……"的声音。如果我是那盲人，我心里多盼望有人来帮助我呀……

133. 书店里的人们

有一个新华书城，从入口进去的人有的在说："哎！你知道么，六楼有新书了！"有的大人在议论纷纷："告诉你吧，在三楼，新出了一套《题王》，出些难得很的题，让该子提高能力！""二楼还有新出的一套《题海》可以……"，出来的人有的说："你看，我买的这些书，多有意思呀！讲的……"

134. 商店的服务员

大街边的商店里，是服务员不停地忙碌的身影。有些客人等得不耐烦了，就高声喧哗说："服务员，快点儿，我赶时间。"服务员听了恨不得自己能多长出几只手和脚来，这样自己就会没这么累了。摆小摊的摊贩，不停地吆喝着，拿出几件漂亮的物品给客人们看。客人们实在抵挡不住这些漂亮的物品的吸引，就走了进去。摊贩想到马上自己就可以赚到钱了，喊得更起劲"快来买哟，难得的便宜哟""打折了，打折了"……根本就感觉不到累。

135. 嘈杂的大街

今天，小区里，悄无杂音。但一到大街上，喇叭声、吆喝声、音响声、吵架声、喧哗声混成一片，可以说是震耳欲聋了。"瞧！那不是好吃街吗？我正好饿了，去吃东西吧！"我说。"对呀"，大家一个喊声，直奔好吃街。一到好吃街，我就说："你带了耳塞了没？""你呢？"大家互问道。"没办法，挺着吧！""哎。耳朵遭殃了！"大家道。

"街上这么多声音，怪不得吵。不是吗？这儿汽车在响，那儿人在砍价，这儿小狗在叫，那儿碗又摔了，这儿人在点菜，那儿又在煎饼……"。"看！这儿有一团人，啊！那还有一群人，瞧！这儿还有一堆人。噢！那还有一排人……"小明叫道。大家左看看，右瞧瞧，东摸摸，西找找，上吃吃，下尝尝。街上的东西被我们吃了个光。吃饱了，我们该回家了。

136. 婚礼上的祝福

婚礼上，来宾纷纷向新郎新娘表示祝福。新郎单位的会计对他们说："愿你们的生活就像算盘珠一样，越打越精越打越细"。新娘的中学数学老师对他们说："祝你们的幸福正无穷大，永远都不会有负数出现"。一位网络工程师朋友对他们说："愿你们的婚姻永远都有防火墙的保护，不会有任何病毒的侵扰"。

137. 烧不坏的纱布

何老师先用一把钳子夹了一小部分的纱布，再拿来了一个打火机，打火机点燃了，火苗像一个小孩一样活蹦乱跳，火苗靠近了纱布。霎时，火苗包围了纱布，过了不到0.1秒纱布就化成了灰，冒着一缕青烟，同学们抱怨道："纱布不是没有了吗？哪里没烧坏？"

何老师听着同学们的话却不动声色。接着，她又做起了实验来。这回她先拿来一种液体和一个一次性杯子，然后把液体倒入一次性杯中，再用钳子夹起了纱布，放进液体中洗了一下澡，又点燃了打火机。这一次，火苗在纱布上奔跑着，火越来越大，先跳起了美丽的华尔兹，接着开放出一朵艳丽的花来，一会儿花就渐渐消失了。这时，再看纱布完好无损。"啊，神了！"大家眼睛睁得大大的，"像幻觉一般……"。"其实纱布虽然拧干了，但还是含有一些水份，所以烧不坏。"老师告诉我们。"哦，原来是这样啊！"我们听了老师的话恍然大悟。

138. 钓瓶子比赛

只见一位个子高大的男生拿起杆子像钓鱼一般，看准时机一挡，"哈哈"旁观的同学爆笑起来。可他不灰心，又一扔，这次线居然缠到了杆子上。没办法，他只好耐心地解下了绳子。最后一次机会了，他显得异常激动，手不自觉地颤抖了起来，他把杆子小心翼翼地一移，正好在瓶口，他迫不及待地放了下去，也许是他太紧张吧，又落空了。"哎呀，就差一点成功了。"他为自己感到懊恼。

第二位选手出来了，她个儿娇小，大家都对她的成功不抱多少希望，但她自己可是信心十足，一副沉着冷静的模样。"开始——"老师一声令下，只见那位女生拿起了杆子，身体往前移，一不小心移偏了，第一次失败。但她不灰心，这一次她吸取了前一次的教训，把身体往前慢慢地移动，快到瓶口了，但钓子却在剧烈地晃动，她耐心地站在那里，目不转睛地观察动静。待钓子不动的时机，她把钓子放进去"五四三二一……拉"。她用力一拉，瓶子被拉出来了。大家都不敢相信眼前的情景，情不自禁地欢呼起来……

139. 言语的力量

有一次，杨惲听见匈奴降汉的人说匈奴的领袖单于被人杀了，杨惲便说："遇到一个这样不好的君王，他的大臣给他拟好治国的策略而不用，使自己白白送了命，就像我国秦朝时的君王一样，专门信任小人，杀害忠贞的大臣，结果国亡了。如果当年秦朝不如此，可能到现在国家还存在。从古到今的君王都是信任小人的，真像同一山丘出产的貉一样，毫无差别呀！"就这样，杨惮被免职了。

140. 爸爸教我读书

有一次，爸爸买了一本《陈玉成的故事》，全书110页，我只花几小时就看完了。晚上，爸爸回来问："这么快，全看完了？""全看完了。"我说。"都看懂了？"爸爸又问。"都懂！"我又回答。"喏，这个'惶惶不可终日'是什么意思？"爸爸随手把书翻开。我答不上。爸爸又问我几处。我又答不上。爸爸摇了摇头说："你呀你，看书囫囵吞枣的，有什么好处？得想个方法，把读书习惯改一改。"

141. 爱抽烟的爸爸

爸爸喜欢抽烟，妈妈为了这件事不知生了多少气。一天晚上，我们全家聚在屋里聊天，爸爸又拿出一支烟，刚要抽，妈妈在一旁瞪了他一眼说："还抽，还抽，你就不会戒了！"

爸爸只是哈哈地笑。我趁机插话说："有抽烟的钱，还不如给我买冰棍吃哩！"

妈妈瞪了我一眼说："别胡说！"

我望着妈妈阴沉的面孔，吓得直吐舌头。"人家宋大爷原来不是抽烟吗？现在人家戒了，那才叫有志气呢！"

妈妈一边低头织着毛线活，一边说："烟草有毒。"

我赶快改变了话头，顺着妈妈说："报纸上常讲，烟草化学成分复杂，含有毒物质二十多种呢！"

妈妈听了直点头。接着我和妈妈滔滔不绝，轮番作战。爸爸见自已孤立无援，只得把烟放进衣袋里。

142. 老师的家

"王老师，我上您家来玩了。"小勇一进门，便看见桌上那本《少年科学》，两眼直盯着不放。

"是不是想看？"王老师微笑着，"这期《少年科学》确实很有趣。"

小勇点点头，又为难地说："这期《少年科学》中有科学小实验，科学相声，还有您备课用得着的常识教材分析。等您用完之后再借给我看，行吗？"

"你带回去看吧，小勇。"

小勇的手不断地抚摸着桌上那本书的封面，断断续续地说："王老师，您……看完了没有？"

"喏，你先拿去看吧！"王老师微笑着把书递给了小勇。

143. 小集邮迷

在报刊集邮门市部里，大家都在排队买纪念朱德爷爷的邮票。队伍前进得很慢，大家你一言我一语地议论起来。

"这大概是今年最后一套邮票了吧？"说话的是一位穿着棉袄，围着围巾的老太太。

"不，"一个小孩大声说，"今年还要发行一套邮票呢！"

"什么邮票？"

"中国古代体育，一套4张，7角8分。"那个男孩流利地说。

这引起了大家的注意，排队的人都不约而同地看了男孩一眼。

一个戴眼镜的中年人说："不知明年发行一些什么邮票？"

话音刚落，小男孩便胸有成竹地说："明年一共发行18套邮票。"

"都是些什么邮票呀？小朋友。"一个白胡子老爷爷好奇地问了一句。

"老爷爷，明年将要发行兔年邮票，敦煌壁画，西湖风光，以及古今名人的邮票……"男孩回答得既流利又准确。

"古今名人都是谁呀？"一个青年人故意问，拿出了打破砂锅问到底的架式来。

"廖仲恺、何香凝、徐霞客、李四光、吴有训、竺可桢、华罗庚，就是这几位。"男孩回答得还是那么流利，那么有礼貌。

"看来你是个小集邮迷啊，哈哈……"

小男孩举起了《集邮》月刊，十分认真地说："这是我自已订的，一有空我就看它呢……"

144. 爱考我的弟弟

一天晚饭后，弟弟拿起报纸读了起来。读着读着，他忽然停下来，歪着头对我说："姐姐，你知道法国的首都是哪么？"我随口答道："巴黎。"他又问我："叙利亚的首都呢？"我抬头看了看弟弟，没有马上回答，因为我看他那种愣神的样子，好像是有意在考我。"知道吗？是哪？"他是有意在向我进攻。"以为我不知道，"我不耐烦地说，"算了吧，就凭你那点知识还想考我！告诉你，叙利亚的首都是大马士革，在四年级就学过。你就老老实实看你的报吧！"弟弟还不罢休，又接着问道："突尼斯的首都呢？"啊……这下可把我问住了，突尼斯的首都是哪呢？我真没注意过。但是在弟弟面前，我又不肯承认自己不知道，便摆出一副不屑一答的样子"哼"了一声，没有理他。"告诉你吧，突尼斯的首都叫突尼斯。老师说过，不懂就是不懂，不懂装懂不是好孩子。"

145. 生日礼物

我走到文具店门口时，正好林林从里边走出来。她穿着一身漂亮的衣服，手里拿着一把花杆铅笔。我高兴地跑上去，拉住她的手说："林林，你过生日了，向你祝贺。"

"你怎么知道的？"她不好意思地笑了笑，歪着脑袋问。

"嘿，是你妈妈告诉我的。"我说着，从口袋里拿出一个长颈鹿卷笔刀，放在她手上，"想望已久的卷笔刀，要不要？"

她高兴地一拍手掌，急急地说："多好玩啊，头还会动呢！多少钱？卖给我行吗？"

"你急什么？我又不是在做买卖！这是送给你的生日礼物！"

她一听，也立刻拿出两支花杆铅笔，塞到我手里："给你！"

"你怎么送礼物给我啦？又不是我生日。"我拉住她的手，一定要还给她。

她使劲甩开我的手，边跑边回头喊："朱诚，晚上来玩啊！"

146. 态度和蔼的售货员

"嘿，买巧克力酥在哪儿？"一个小伙子冲着柜台嚷着。

"在那边，这个柜台的后边。"一个年轻的女售货员应声回答。

"拿巧克力酥，嘿，快点！"那小伙子冲着后边柜台大声喊叫。

"对不起，现在没有货。"又一个售货员耐心和蔼地说。

"他妈的，没货你他妈的告诉我干什么？"那小伙子冲着售货员愣怔着眼说。

"同志，我告诉您是为了让您知道买巧克力酥的地方，以后有货时，请您再来买。您今天来的不巧，巧克力酥刚刚卖完，实在对不起!"显然，售货员并没有理会小伙子那刺耳的声音，仍用平静、柔和的语调回答。

小伙子有点不好意思了，红着脸支支吾吾，抱歉地说："真对不起，我平时说话爱带'脏'字，请原谅!"

就这样，一场即将爆发的舌战，被售货员用和蔼的态度给平息了。

147. 来我家的叔叔

春节，王叔叔高高兴兴来到我的家。我连忙起身对王叔叔说："叔叔您好! 请您坐在沙发上!"我边说边让王叔叔到沙发上坐好。因为爸爸妈妈不在家，我只好亲自拿出水果招待王叔叔。王叔叔把我拉到他的身边笑眯眯地问我："明明，今年几岁了? 在哪儿念书? 上几年级?"我爽快地回答说："我在实验小学读书，今年上五年级。"王叔叔又亲切地问我："学习成绩怎么样?"我慢吞吞地说："学习有进步!"王叔叔听了，高兴地说："好好，有进步就好! 再继续努力!"说着乐呵呵地抚摸着我的头。

148. 李老师生病了

退休的李老师病了。新华小学的少先队员利用放学以后的时间，给他请来了医生，粮店的叔叔冒着风雨给他送来了面条，副食商店的阿姨在百忙中给他送来了鸡蛋。李老师激动地说："有了党，有了新社会，我们才有幸福的晚年。"

149. 雪姗的生日

表妹雪姗的生日正好和新中国的生日是同一天，今年国庆节，我来到三舅家，为雪姗过生日。那天晚上，我们在她的生日蛋糕上插上蜡烛并点燃了，那闪烁着的生日烛光，映照着每个人的脸庞。我自封为小记者，拿着个小瓶子当话筒，采访小表妹。

我对着"话筒"，一本正经地对她说："小寿星，大家庆贺你的生日，请谈谈感想吧！"

雪姗不知所措了，羞羞答答地说："谢谢大家，我虽然有心脏病，但我一定要努力学习。"

我借着烛光偷眼看了一下雪姗的妈妈——我的三舅母。只见她爱怜地望着女儿，赶紧岔开话茬儿说："雪姗，你的病一定会好的。"于是我把"话筒"转向三舅母；"舅母，您有什么感想？对小寿星有什么希望？请您谈谈。"三舅母疼爱地望着雪姗，深情地说："我希望雪姗像幸子一样，顽强地和疾病做斗争，将来当个医生。"说到这儿，她心里不好受，又不能让雪姗看出来，就赶紧扭过头去。

三舅的目光始终停留在女儿身上，当我把"话筒"转向他时，他爽朗地笑了。

"我觉得雪姗的生日过得很有意义，谢谢你，小记者。你的光临增加了今天的欢乐气氛。"三舅看了我一眼，又看了雪姗一眼，接着说，"你们姐妹俩都应受到表扬。雷姗因病半个学期没上课，期末考试还得了80多分，这和她以顽强的毅力刻苦学习是分不开的。你呢，也取得了很大的进步，我祝贺你们！"

三舅是大学老师，我很理解他的一番话。我暗暗下定决心：等着瞧吧，8年以后，我一定和表妹一起坐在"天津大学"的课堂上听他讲课。

这时，雪姗突然插话说："小记者，你也该说两句了吧！"

"我希望在明年为雪姗庆祝生日时，她能够完全恢复健康！"

听了我的话，大家都高兴地笑了。

150. 住在对面的员外

他们对面住了一位很有钱的员外，他每天都坐在桌前打算盘，算算哪家的租金还没收，哪家还欠账，每天总是很烦。他看对面的夫妻每天快快乐乐地出门，晚上轻轻松松地唱歌，非常羡慕也非常奇怪，于是问他的伙计说："为什么我这么有钱却不快乐，而对面那对穷夫妻却会如此的快乐呢？"

伙计听了就问员外说："员外，想要他们忧愁吗？"

员外回答道："我看他们不会忧愁的。"

伙计说："只要你给我一贯钱，我把钱送到他家，保证他们明天不会拉弦唱歌。"

员外说："给他钱他一定会更快乐，怎么说不会再唱歌了呢？"

伙计说："你尽管给他钱就是了。"

员外果真把钱交给伙计，当伙计把钱送到穷人家时，这对夫妻拿到钱真的很烦恼，那天晚上竟然睡不着觉了。想要把钱放在家中，门又没法关严；要藏在墙壁里面，墙用手一扒就会开；要把它放在枕头下又怕丢掉；要……他们一整晚都为这贯钱操心，一会儿躺上床，一会儿又爬起来，整夜就这样反复折腾，无法成眠。

妻子看丈夫坐立不安，也被惹烦了，就说："现在你已经有钱了，你又在烦恼什么呢？"

丈夫说："有了这些钱，我们该怎样处理呢？把钱放在家中又怕丢了。现在我满脑子都是烦恼。"

隔天一早他把钱带出门，整条街绕来绕去不知要做什么好，绕到太阳下山，月亮上来了，他又把钱带回家，垂头丧气的不知如何是好。想做小生意不甘愿，要做大生意钱又不够，他向妻子说："这些钱说少，却也不少，说多又做不了大生意，真正是伤脑筋啊！"

那天晚上员外站在对面，果然听不到拉弦和唱歌了，因此就到他家去问他怎么了？这对夫妻说："员外啊！我看我把钱还给你好了，我宁可每天一大早出去捡破烂，也比有了这些钱轻松啊！"这时候员外突然恍然大悟，原来，有钱不知布施，也是一种负担。

151. 旅行前的讨论

马克说："我们去上海吧。"玛丽说："上海没什么传统的东西，还是去西安吧。"罗兰一听又不同意了，急忙说："我喜欢自然风景，听说中国的西部自然风光很好，我们去那里旅行吧。"爱德华听了他们的话，很为难地说："你们每个人的想法都不同，我们到底去哪里好呢？"

152. 爸爸教我做菜

爸爸一边把炸好的肉丸子放在漏勺上控油，一边对我说："芹菜要切成一寸左右长的段，先用热水烫一下，再用冷水激一下，捞出来备用，油热了先炒肉丝，肉丝八成熟了，再把芹菜倒上，在锅中翻几下，加上调料就行了。"我一一听着，从来没有这么认真过。

153. 哈尔洛夫的话

从这嘴里发出的声音，虽然沙哑，却是十分有力，十分响亮。……声音叫人联想到装了铁条的运货马车经过崎岖不平的道路时，铁条发出的叮当声。哈尔洛夫说起话来，就像在狂风中隔着上条宽阔的山谷，对什么人在大声呼喊。

154. 母亲伤人的话

母亲一回来就一把夺过她画的画儿，嘲笑她说："你也会画画儿，你自己也不瞧瞧，画的人不像人，鬼不像鬼，还想当个画家？"周强也阴阳怪气地说："是呀，自己也不拿个镜子照照。"周洁只有使劲咬住嘴唇，把那伤心的眼泪往肚里咽⋯⋯

155. 爸爸给我讲道理

我察觉到自己做得不对了，不由得低下了头，爸爸这才消了点怒气，用亲切的语调开导说："人与人之间要互相关心，互相帮助，更何况你们是姐妹俩呢⋯⋯"爸爸几句话早已把我说得心悦诚服，我没等爸爸说完，就惭愧地承认了错误。

156. 小辫子同学

一位梳着小辫子的女同学上台说："我的名字叫春燕，是春天的燕子，我要像春天的燕子一样，在祖国的晴空欢快地飞翔。"

157. 讲解员阿姨的话

讲解员阿姨声音清脆地讲解着："现在先请小朋友们参观一下天空的'动物园'吧！"这时，我边听边仔细看。"这是狮子星座、巨蟹星座、人马星座、海豚星座、金牛星座、大犬星座、小犬星座⋯⋯"

158. 听妈妈的话

我一看不妙，可又不能不说，就只好小声说："买个蛋糕，大家吃嘛。"妈妈听了生气地说："不行！不能买。"我撅着嘴说："盼了一年，好容易盼到过生日，连蛋糕都不给买，就知道让人家吃面条，那算过什么生日。"妈妈一听严肃地说："生日蛋糕是给老人做寿时吃的，我们长这么大，过生日从没吃过蛋糕，你一个小孩家过生日就想吃蛋糕？"我差一点哭出声来，忍住眼泪说："你们过去是穷，没钱，现在有钱了，不买蛋糕也得买点别的呀！"妈妈被我激怒了，正想发作，忽然又把语气转为缓和地说："现在是有钱了，可你不想想，过生日应该过得有意义。要和别人比学习，不能只讲吃穿。"我强忍住不争气的眼泪，低着吃完了这碗饭。

159. 告别的克丽丝

这几句话节奏紧凑，音调很高，好像铁锅上炒蚕豆，都是一个一个蹦出来的。我连忙跑过去，扳着克丽丝的肩膀不相信地问道："克丽丝，这是真的吗？"回答我的只是一阵呜呜的哭泣声。"克丽丝，克丽丝，你说话呀！这到底是真的吗？"她抬起了布满泪痕的脸，蓝宝石般的眼睛哭红肿了，长长的睫毛被泪水沾住了。她回答道："这是真的。中国好，我不想离开中国，不想离开你们！"我们拥抱着。我劝她别哭了，可自己却忍不住哭了起来……

160. 受批评的学生

曹老师一时没有说话，同学们都在窃窃私语，尽管声音很小，我却听得清楚："不就是想显示自己，向老师讨个好！""想受老师表扬呗！""唉，我们该挨整了……"

161. 外婆的演讲

外婆一口气不停说了下去，简直像演说家一样。她口齿流利清楚，眼睛闪闪发光，激动得脸色通红，越说越有劲，越说越激动。

……在他谈到日本人把他们的重伤兵抛在火里烧得惨叫的时候，他也曾表现过同样的神情。半闭眼睛，右眉向上蹙着，眼睑有点颤动，而眼角的皱纹也更多了。

"……奶奶，妈妈什么时候回来呀？"现在我才发觉，阿妈妮脸上的笑容消逝了，嘴角不住地抽搐。她听了孩子的话，刷地站起来转过身去，几乎是颤抖着说了声"快了"，便走进厨房里去。

162. 站在雨中的人

他的脸色更是吓人，被雨打湿了的头发糊贴在前额上，雨水，沿着头发、脸颊滴滴地流着。眼眶深深地塌陷下去眼睛努力地闭着，只有腭下的喉结在一上一下地抖动，干裂的嘴唇一张一翕地发出低低的声音："同志——同志——。"

163. 激动的周铁杉

"不信！我就不信！"周铁杉突然吼叫起来。他额上青筋暴跳，眼睛放射出火一样的光芒，严峻而自豪地接着说："我不信石油就埋在人家的地底下，我们这么大的国家就没有油！"

164. 小石头的姑姑

小石头又从烟雾里跳出来，拍着手喊："我爸爸回来了，淑红姐！"

焦淑红把饭碗塞给小石头，说："吃吧，乖乖的，往后不许再叫我姐了。"

小石头接过饭碗，眨巴着眼问："叫什么呀？"

焦淑红说："叫姑姑，好不好？"

小石头点点头："好。"

焦淑红说："叫给我听听。"

小石头的两片小嘴唇一碰，清脆地叫了一声："姑！"

焦淑红"哎"地答应一声，弯腰亲了亲孩子的小脸蛋。

165. 讲数学题的爸爸

"铁重 400 公斤，做零件 376 只，一只重多少公斤？用什么方法算？""乘。"小胖心惊胆战地偷看着爸爸，一看脸色不对，连忙改口："除。""究竟是乘是除？""……乘。""啊，什么？"爸爸大手又举起来了，"啪，啪"两巴掌。小胖吓呆了，不知所措，只觉得脑袋生疼。

166. 太阳是什么颜色

我睁大了眼睛，注视着那团浓浓的绿，自言自语地说："小时候，我对外婆说太阳是绿色的……"我呆坐在沙滩上，默默地嚅念着。

167. 等在汽车站的亲人

在湖边长途汽车站上，舅老爷老舅已等在那里。亲人见面格外亲热。舅老爷和表舅拉着我们的手激动得热泪盈眶。舅老爷嗔怪地说："你们再不来，恐怕见不到我了。"

168. 温柔的妈妈

我的妈妈看着泪痕满面的小女孩，走过去用那温柔的语气对她说："好孩子，勇敢些。阿姨打针呀一点不疼，还会给你挠痒痒呢！"小孩子听了，止住了哭声，用那泪汪汪的眼睛望着我妈妈，过了一会儿才稍微点了点头，自己趴在床上。

169. 赵老师的教诲

记得有一次，我没有预习新课，赵老师把我唤到办公室。我想她一定会严厉地批评我一顿。与我预料的相反，赵老师让我坐在她的对面，轻轻地对我说："你退步了。"我顿时感到脸上火辣辣的，羞愧地低下了头。接着赵老师意味深长地说："怎么可以把预习看作无足轻重的事呢？预习就好比站在起跑线上，听到'各就各位，预备——'的口令，准备冲过去一样，预备得好，就能跑得快；功课预习得好，就能牢固地掌握知识……"

170. 要读书的孩子

沉默了好一会儿，我实在沉不住气了，问："你到底怎么了？像个哑巴似的。"她这才说话了："我这学期没念书……"我心里一惊，急切地追问："是你不愿意念，还是爸爸妈妈不让你念？"

171．课堂上的王老师

王老师微笑地对我们说："同学们，今天我们辨方向。"说着，就在黑板上写下几个刚劲有力的大字。她转过身，笑眯眯地问："你们说，为什么要辨别方向？""辨别方向是为了更好地认识自己的家乡。"有的同学马上回答。"对，那么，我们怎么才能辨别方向呢？""看太阳"、"看北极星"、"看苹果树"……大家七嘴八舌地议论开了。

172．拔河比赛

听！哨声响了，拔河比赛开始了。我们女生拼命地为本班男生加油，可这些男生竟这样不争气，首战告败。女生都气坏了，喉咙都喊哑了，可男生还是败下阵来，真没劲！再瞧那边，垂头丧气的男生竟又摆出一副高傲的样子，"第三名也不错嘛！你们瞧着不顺眼，明天不给你们喊加油，让人们静静地欣赏你们气急败坏的'英姿'！"听听，用的是"气急败坏"，而且是"英姿"，多可恶！哼！输了还有理，自欺欺人，亏你们说得出口！

173．生气的我

从床底下轻轻地搬出妹妹的"百宝箱"，打开一看，嗬！想不到里面藏着两瓶罐头，这时，我的火上来了，暗想：好哇！你真是越吃嘴越馋，越吃胆越大，居然吃起罐头来了。妹妹听见响动，回头一看是我，便说："哥，你呆在那里干什么呀？"我气得说不出话来，狠狠地瞪了她一眼，哼了一声，妹妹见我这个样子，又看到我手中的罐头，顿时明白了，笑着向我解释："我们班学雷锋小组决定开展一次尊敬老人活动，这是我们凑钱买的罐头，准备送给院子里退休的张爷爷，他这两天正害病呢！"我这才恍然大悟，原来妹妹要钱，是做好事呀，我真是错怪了她。

174. 妈妈的理解

刚刚走到院子里，就听到妈妈在厨房喊："明梅，快替我烧把火，我赶紧去你二婶家借点钱，你爹在城里捎回信说等着用呢！"

我慢慢腾腾地走进厨房，妈妈看我无精打采的样子，轻声说："明梅，咋了？病了吗？""人家好好的。"我不耐烦地夺过妈妈手里的柴火。"准是又受老师批评了。你呀，老是说你，就记不住。"妈妈唠叨着出去了。

过了一会儿，妈回来了。她看见我一把把地向灶里塞柴，笑着说："难怪小梅阴着脸，原来是发愁订报的事呢！""妈，您咋知道了？"我惊讶地望着妈妈。"我呀，会算呗，我知道今儿上午老师给你们一人一张啥宝贝，什么'为了学生的学习'，什么'开阔学生的眼界'，什么'家长少吸几盒烟，学生订报看半年'……好啦，我也说不清了。"妈妈背书般地讲着，"再把你那张给妈念念，刚才你民姐给你二婶读，我听见了一些。"我填了一把柴，把那封揉皱了的《致家长》一字一句地念给妈妈听。妈妈边听边点头："你们老师真会想法子，报再贵，再涨价，俺当家长的也支持你们订报学知识！"

175. 生气的奶奶

有一次，我把吃剩的半碗米饭随意就倒在厕所里。奶奶看见了脸色突变，平时和蔼可亲的样子踪影全无，怒气冲冲地要打我，并大声批评我："张轶呀张轶，你真是个不懂事的孩子！这么好的米饭，你就随便糟蹋，过去奶奶过年也吃不上一口这样的米饭，你怎么这么作死啊！"我一看奶奶生气了，就表面上承认不对，说："以后不这样做了。"但我心里在想，有什么了不起，不就那么半碗米饭吗？值不了毛八分钱的，何至于这样？

176. 爱逗人的老师

我一时摸不着头脑，也笑了，但笑得很不自然。停了一会儿，老师说："说'人懒就胖'，'妈妈偏心眼'这都是逗你玩的。"看老师那认真的样子，也许是真的逗着玩吧。可我为什么比姐姐胖，我还是不明白，我缠着老师要讲明白。

177. 镇定的女孩

姑娘的脸涨红了，眼睛湿润了，她低下了头。哈，那可爱的泪珠子，就要掉下来了！奇怪，她猛地抬起头，那已到眼眶的泪珠没有了！姑娘一个一个地盯视着我们，一字一顿地说："我们女同学遵守班纪校规，大家都刻苦学习，你们男生经常欺侮女生，而女生总是忍让，捣乱的尽是男生，特别是你们几个！"

姑娘静静地看着我们，显得那样的镇定，她清清亮亮地说："你们不必用这种方式寻开心，我只想说一句，要想得到别人的尊重，首先要自己尊重自己！"

178. 卖东西的爷爷

我在一旁看见，纳闷极了，问："爷爷，为啥刚才那些人五毛钱您不卖，戴眼镜的叔叔给您四毛钱就卖给他呢？"爷爷回答说："那些人都是小贩，买了咱们的菜，再去卖大价。而这戴眼镜的叔叔是来咱乡镇搞扶贫工作的，他们帮助咱们走上富裕道路，卖给他们，少几个钱，咱也情愿！"原来如此，我这才恍然大悟。

179. 模仿孔乙己

忽然听得柜台旁有人叫了一声："呵，茴香豆来了！"这不就是孔乙己说过的"回"字有四样写法，分给孩子们一人一粒的东西吗？我连忙和爸爸快步走向柜台，爸爸风趣地问了一句："多乎哉？"一位营业员笑着回答："不多也！"可见他对鲁迅的文章也是很熟悉的。这一问一答，引得周围的顾客哈哈笑了起来，店堂里充满着快活的空气。我们向营业员买了两包，便拣了一张靠窗的桌子坐下来品尝茴香豆的滋味。

180. 冲动的班长

没等班长说完，性情暴躁的副班长王虎连珠炮似地开了腔："什么帮助帮助！我们班没被评为先进班级，还不是多亏了他们呀，要我扭，对这些'老大难'再也不能迁就了，你让他一寸，他就想进一尺，踩着鼻子上脸，越来越不像话了。"

181. 危险的大伯

我朝那一大群人瞟了一眼，只见有几个偏小子斜视着大伯，嘴里不干不净，有一个留八字胡的高个子火气可真大，冲到跟前指着他骂骂咧咧："你这死老头，吃饱饭没事干，大清早出来管闲事，当心给你放血。"说完，捋了袖子，双手叉腰，摆出一副要打人的架势。望着这充满火药味的场面，我真担心大伯会吃亏。

182. 外交官

面对乱哄哄的会场和一些趾高气扬的大国外交官们，他索性抛开事先准备好的讲稿，清了清嗓子，大声说道："让这会场作为我们最后的交战吧！"一语即出，四座皆惊。

183. 烦躁的爸爸

繁星布满夜空的时候，爸爸才走进了家门，结束了繁忙的一天。每逢爸爸回来过晚，妈妈总是怨气冲天地说："这个家成你的旅馆了！""家里的活儿难道就该我一个人承包吗？"妈妈常常是一边给爸爸热着菜，一边叨唠："你这么干，每月拿回多少奖金！""以后不要总提这个'钱'字！"爸爸不耐烦地把手一挥，大声地反驳。也难怪妈妈发脾气，说句公平话，爸爸在家里真是一个名副其实的"不管部部长"。

184. 爱发脾气的我

我怒气冲冲地跑出学校大门，迎面撞上了妈妈。我立刻把一肚子怒气发泄到她身上："都怪你！都怪你！"我大声吼道。"哎呀，这是怎么了，宝贝儿？发这么大脾气？"妈妈惊讶地望着我。"就怪你！你干吗要陪我上学？你干吗当着同学的面叫我宝贝儿？你干吗……害得同学都笑话我，瞧不起我！""哎呀，宝贝儿，我当什么事呢？别去理他们了，来吃糖吧！""嗯！"我闷闷不乐地跟着妈妈向家走去。

185. 拜年的女孩

"红红姐新年好，叔叔阿姨新——年——好。"随着清脆、甜美的问候声，走进一位维吾尔族小姑娘。"玛丽雅木新年好！"我们全家齐声说。

186. 奶奶的江湖

大家静了下来，1600多双眼睛随着邓奶奶来到话筒前。"南开中学全体师生员工们，你们好！今天，我来看望你们，向你们学习来了！"又是一阵暴风骤雨般的掌声，直冲九霄。

她老人家操着纯正的普通话，讲起了前几天在北京召开的全国青年学联会议，讲到了我们全校师生给她老人家的信。"你们在信中说，你们正在开展'一主三自'活动，很值得提倡！"这是对我们的鞭策，又是对我们的鼓励，每个人的心中都甜滋滋的。

接着，她老人家又谈起了我国国际政治地位的不断提高，谈到了国内70个重点项目的建设。老人家充满信心和希望地说："你们来信说，你们要做四化的建设者，这很好！但是我说，你们不仅要建设四化，而且要让四化在你们手中建成！"大家都没有说话，只是拼命地鼓掌。历史赋予我们的使命，老一代无产阶级革命家的重托，我们怎能辜负呢？任重而道远，在四化的征程上，让我们像邓奶奶那样，生命不息，战斗不止，不怕困难，拼搏奋进！

最后，她老人家又亲切地对我们说："祝你们身体好、学习好、工作好，一天天成长，成为四化的骨干、先锋队、突击手。"

187.　电工叔叔

然而出乎我的意料，4 楼那位戴眼镜的叔叔一手拿着保险丝，一手拿着电筒匆匆地下来了，他脸涨得通红，站在人们面前，不时用手扶眼镜擦额角的汗珠，然后吞吞吐吐地说："真……真对不起，我家蜂窝灭了，引了几次没有着。天热，想……烧点水喝，所以，所以用了电炉子，真对不起。"

188.　朋友小燕

星期天上午，我正在复习功课。忽然听见门外传来又甜又脆的喊声："小燕，小燕！"我一听就知道一定是我的好朋友——小云在喊我。我连忙放下笔，去给她开门。"小燕，我发明了一种'学习棋'，你快跟我去看看吧！"一见面，小云就满面笑容地对我说。"看你高兴的，什么'学习棋'？"我问。"先别急，一会儿你就知道啦！"说完，小云拉着我的手向她家跑去……

189. 丈夫的信

一男士去波士顿度假，与此同时，他的妻子在纽约出差。于是他决定叫他的妻子来波士顿和他一起度周末。他寄了一封信给他的妻子，但不幸的是他把她的地址弄错了，这封信被寄到了一个寡妇手里。她的丈夫在前两天刚刚去世。这个寡妇一打开信，就号啕大哭，晕了过去。信上写道："我亲爱的妻子，我刚刚到达这里，一切都为你准备好了，欢迎你这个周末来。"

190. 我的女儿

女儿乐得围着锅转了一圈又一圈，然后站在厨房门口，煞有介事地挺直了身子，扯亮了嗓子喊："奶奶——爸爸——吃饭——蝴蝶面——"

女儿用筷子匆匆地吃了几个，又贪玩儿不吃了。我边吃边哄："吃吧，吃吧，吃了这面，一会儿就变成小蝴蝶飞走了。"可好，这下子，女儿索性就放下筷子，一口也不吃了。

"乖，奶奶喂喂。""俺不吃了，俺妈妈说俺吃了蝴蝶面就变成小蝴蝶飞了。""那，你不吃，俺们吃了也会变蝴蝶飞得远远的，快吃吧，咱们一块儿飞。"

"嗯——嗯——你们变了蝴蝶也飞不远，老蝴蝶，一飞就飞回来了。"

女儿似乎知道在哄她，又似乎不明白这到底是咋回事，碗里的小蝴蝶飞速地减少。

"快摸摸小腰，小翅膀一鼓一鼓往外长呢，飞哟——"

"没有！"小女儿斩钉截铁地说，小手却情不自禁地在腰际摸来摸去。

191. 分马

小猪倌叫道："老爷子加小心，别光顾说话，——看掉下来把屁股摔两半！"

老孙头说："没啥，我老孙头赶了二十九年大车，还怕这小马崽子？哪一号烈马我没骑过？谁看见我老孙头摔过跤呀？"

老王太太朝老孙头的玉石眼儿走来了，老孙头把马牵到她跟前，大大方方地说："这马硬实，口又轻，是屯子里的头号货色。"

192. 总统的访问

布什总统来我国访问，并在北海公园种下象征中美友谊的红杉树，他一边种树一边对身边的工作人员说："栽树是手活，石块块得用手捡出来。要保证苗苗不窝根，苗根得用手送进土里。栽一棵苗，手得往土里插三四次。"

193. 裴多菲和庄园主

多媒体放映：匈牙利著名诗人裴多菲出游时经过一个庄园，正好碰到了庄园主。这个庄园主对裴多菲说："我是这里最有钱的，这里的人见到我要低头行礼，不然我就打他，你也要向我行礼！"裴多菲说："我不认识你，不能向你行礼。"这时围观的人很多，庄园主怕下不来台，便低声对裴多菲说："我口袋里有100元钱，只要你向我行礼，这钱归你。"

裴多菲拿到钱后说："现在我有钱了，而你却分文都没有了，你应该向有钱的我行礼呀！"

194. 帮助老人的小明

这天，小明放学回家，在路上看到五保户李奶奶正背着一小袋米，艰难地慢慢往前走着，小明看到这种情况，一个箭步冲上去，一把夺过李奶奶肩上的袋子，急急地往前走，李奶奶着急了，迈着小碎步跟在后面边追边喊："哎，小孩，你这是干啥啊……"李奶奶追到自家门口，上气不接下气地，小明已经把那袋大米稳稳地放在了门口，微笑地看着李奶奶……

195. 分家的哥俩

有家哥俩闹分家，分了几天也没分清，决定请裁缝、厨师、船老大、车把式四人来说和。这四人觉得事情棘手，于是相约先到厨师家碰个头，讨论一下。

一个说："我看咱们去了要快刀斩乱麻，别锅了碗了分不清。"一个说："咱们办事不能太偏了，要针过去线过去才行。"一个接过话茬儿："嗨，咱原先也不是没有管过这号事，前有车，后有辙，别出格就行。"另一个听得不耐烦了："我看别在这里哆嗦了，不如到他家再见风使舵。"厨师的媳妇"扑哧"一声笑了："你们真是三句话不离本行，卖什么的吆喝什么。"

196. 鲁提辖的话

他拔步便走，回头指着郑屠户道："你诈死！洒家和你慢慢理会！"一头骂，一头大踏步去了。鲁提辖回到下处，急急卷了些衣服盘缠，细软银两，但是旧衣粗重都弃了，提了一条齐眉短棒，奔出南

门，一道烟走了。

197. 我的忍受

"不，我再也没有力量忍受下去了。天哪！他们是怎样对待我的啊！他们往我头上浇冷水！他们不管我，不看我，也不听我说话。我做了什么得罪他们的事情？他们干吗要折磨我呀？他们要从我这个可怜虫那里取得些什么呢？我能给他们什么呢？我什么也没有啊。我已经精疲力竭了，我再也忍受不了他们的这些折磨，我的头在发烧，一切东西都在我眼前打转。救救我吧……"

198. 话匣子爸爸

爸爸三盅酒一过，话匣子又打开了："84 年开始，我承包了村里的砖瓦厂，盈利逐年增加，我也就富啦！"爸爸说着高兴起来，指着屋里的东西说："前年置了这几个柜子和书橱，去年添了这台豪华式的摇头扇，今年又买了这台彩电。"他和客人谈得投机，两人谈了很久。

客人停了一下，这岔到房子上，"这四间平房上面留的是——""对了，我想到秋后再往上接一层。""看起来你还真要先跨进小康喽！啊，哈哈……"

爸爸说："别笑了，来干这杯！你别光说我，你们双职工都拿现钱，比我要强多了。"

"唉，话不能这样说，你虽然不拿工资，但是，现在农村实行承包责任制，比我们每月拿工资的还强呢！你看，你比我缺少哪一样？"爸爸接着说："那是了，现在不是我一家好了。就说邻居那家吧，前些年，年年超支，粮食不够吃。现在行了，他家包了三亩鱼塘，养了

300 多只兔子，一跃变为咱村的万元户，比我家还强呢。""不错，现在看起来，农村这条路是走对了。"

199. 家庭会议

晚上，我家召开了一个紧急会议，商量怎样照料好花，我们想了好多主意，可都不行。忽然，我心中一亮，想出了一个好办法。我对大家说："现在农村都在搞承包责任制，我们——"我故意咳嗽了一声，慢腾腾地说："也来搞承包。"爸爸妈妈都高兴地说："妙！"于是这个主意就定下来了。接着，我们开始分工。妹妹先抢着要了一盆仙人球。我挑了一盆茉莉花，妈妈拿了一盆石榴花。因为爸爸会养花，我们分给他一盆吊兰和那盆掉了花瓣的月季。

200. 得昆的疑问

上山时，得昆好奇地问："你比我老，爬石棱子用力蹬，脚不起泡。老天怎么光照顾你，就不照顾我呢？"他爹说："是爬山爬出来的啊！"

得昆又问："你那只脚怎么细了？"他爹语重心长地说："有一次砍树，木头打断了一根筋，没钱医治这只脚就变细了。"

得昆感慨道："哦，原来是这样。要是我有你那样的一双脚多好啊！"他微笑着说："如果肯劳动，肯锻炼就会有这样的脚。"

201. 爸爸和地图

爸爸走了过来，笑眯眯地问我："芳芳，这幅中国地图你喜欢吗？"我爽快地回答："喜欢！"爸爸又问："你看我们祖国的地图像什么?"我走近仔细看了起来:"像猫,不对,猫的肚子没这么大;像小狗,也不对,狗脖子没这么细;像大公鸡,对对,像大公鸡!"于是,我高兴地回答道: "像只报晓的大公鸡,对吗?"爸爸连连点头: "对,对!"

202．二姨家的鸡蛋

二姨妈一边在鸡槽里拌料,一边笑着说:"看这孩子高兴的。"

"这些鸡一天能下多少蛋?"我走到二姨妈面前问道。

"够你吃的,一天能下 200 多个蛋呢!"说完,二姨妈站起身指着墙角的两个筐子让我看。

203．奶奶的道理

我惊奇地问:"奶奶,为啥要砍杏树?"

"留着没用,砍掉也省事。"奶奶含糊地回答。

我莫名其妙,便追问起来:"这杏树年年供我们吃杏,让我们乘凉,怎么能说它没有用呢?"

"你小孩子家少管,别啰嗦地问这么多。"奶奶有些烦,看样子她恨不得快点把杏树砍掉呢!

204．找钱的大伯

我急忙从口袋里掏出多找的钱,低声说: "大伯,刚才您多找了钱。"

"是吗?"他掐着指头,嘴里念着:"二二得四,一二得二,你给我 1 元,我找你 7 角 6 分,没错呀!"

"不，我给您的是 5 角钱。"

"哦？哎哟，你看我的眼睛！"

205. 童年的话

记得我在上小学之前，有一天，天挺热的，我穿着裙子在院子里蹦蹦跳跳了半天，一回到家，就嚷嚷肚子饿。妈妈说："吃烧饼。"我说："什么？烧饼，太烧了！我已经很热了，不吃。"妈妈先是一怔，随后就笑了，说："思思，这不是发烫的饼，而是说它是用火烧熟了。"听妈妈一说，我的脑子才转过弯来，拿起一个烧饼就咬了一口："啊！好香。"以后，每逢吃烧饼，爸爸妈妈就打趣地问我："思思，你不怕烧吗？"我不好意思地说："你们怎么又说了，那时我还小嘛！"

206. 家庭"大决战"

"好哇，秀，你背叛了我，看我不揍你！"

"爸，快来呀！"我求救着，"你的战友受到了威胁，正处在危险中，赶快来救我！"

大家听了，是不是觉得非常纳闷儿！告诉你，这会儿我们一家人正展开一场激烈的家庭大决战，前面是哥的吼声，后面则是我在求救。

207. 我们一起的画

又有一次，我正在画画儿，斌斌也吵着要画，我只得依了他，说："我画一个脑袋，你填耳朵，好吗？"他答应了。

看着他填完耳朵的得意样，心想：小家伙真霸道！既然他知道把耳朵画在脑袋左右，何不哄他一次，便说："咱们再来一次，这回画你吧!"他听了,扬起小脸说:"画自己还不容易!"我画了侧面人,并特意描浓了鼻子,果然,他在鼻尖和后脑勺上添了两片耳朵! 我连声喊:"快看斌斌这小怪物!"

大伙儿聚拢来,听我一说,再看看斌斌的"杰作",都笑开了:谁的耳朵长在鼻尖和后脑勺上呢? 斌斌害羞了,他又画了个满脑袋全是大大小小的耳朵的人,说:"这是文晔姐姐。"

208. 天上的星星

"这是什么星?""这是牛郎星。那是织女星。""那,哪一颗星是我呢? 是这颗吧?"她好奇地眨着眼睛。"不是,你不会放牛。"我煞有介事地说。"是同样的口气。""那,我到底是哪颗星呢?"她急得要哭。"别急,总有一颗星星是你的。喏,就是那颗顶小顶小的星星……"

209. 我的表演

演出的那天中午,我高高兴兴地跑回家。妈妈问我为什么这么高兴,我一本正经地对妈妈说:"第一,老师让家长今天下午观看我们的演出。这第二呀,就是马靖演小孔雀,她没有孔雀裙。"妈妈笑呵呵地对我说:"你们不是好朋友吗? 把你的裙子借给马靖用一用吧!"我气哼哼地说:"谁和她是好朋友? 我才不喜欢和她做好朋友呢。她没有裙子我高兴还来不及呢!"妈妈凑过来刚要说什么,我马上把耳朵堵上,嘴里不停地说:"不借! 不借! 就不借!"妈妈看我不耐烦的样子,知道说也没有用,叹了一口气,就和我一起去学校了。

210. 我的小表弟

我刚穿好衣服洗完脸，就听门外响起了奶声奶气的声音："姐姐！姐姐！"我一听，心想：准是外婆带着我那活泼可爱的小表弟来了。可不，只见表弟兴高采烈地冲进我家，见到爸爸、妈妈就敬了个军礼，有礼貌地说："大姨、大姨父，你们好！"乐得爸爸、妈妈直点头。表弟还想再说什么，我连忙把他拉进卧室，神秘地对他说："瞧，你大姨又要请客了。"他瞪大了眼睛问我："为什么?""当然有好处啦，调动工作就可以方便些嘛。"我学着大人的口气说。表弟听了，眨了眨眼睛，像是在想什么。不一会儿，他就跑了出去，天真地问妈妈："大姨，幼儿园的老师说我太调皮，不喜欢我，我要是也请她吃一顿饭，那她是不是就喜欢我了?"表弟的话引得大家直笑。妈妈笑着说："你这么小，就会开后门了?"我接住话茬说："这还不是跟您学的。"

211. 慈祥的奶奶

还有一件事，现在想起来还如此可笑。上三年级的时候，我得了场病，需服中药。奶奶不分早晚，把药煎好。我望着那黑乎乎的药汤，不禁皱起了眉头。

奶奶见了，连忙说："没事！别怕。你一合眼，憋口气，咕咚咕咚就喝下去了。来，快喝吧!"

"我不喝，太苦了！"我撅着嘴。

"不苦，我都尝了。"奶奶慈祥地看着我。

"不！不！我不喝嘛！不喝嘛!"奶奶百般求我，我就是不听……

212. 笑逐颜开的爸爸

爸爸一进家门，就喜笑颜开地说："我们的抗氧剂一次试验成功，产品质量符合国际标准。不但可以满足国内的需要，还可以出口东南亚各国，为国家换取大量的外汇。"我津津有味地听着，插嘴说："什么是抗氧剂？""噢，这个你还不懂。对了，那天你扔出去的那堆纸，就是我们的试验数据。"我不禁摸了摸挨了巴掌的脸，爸爸走过来，抚摸着我的头说："还疼吗？"我轻轻地摇了摇头。

213. 和爸爸的谈话

一天晚上，我正在写作业不知什么时候爸爸来到我眼前，坐下来一边翻看着我的作业，一边和颜悦色地跟我说："小红，你对爸爸有意见吗？"我心里一阵紧张，睁大眼睛看着爸爸。只见爸爸笑了笑又说："昨天学校开家长会，老师把我留下来，单独和我谈了谈，而且还拿出了你的日记给我看，我觉得你的意见提得对，爸爸对不起你！今后爸爸一定改……"听到这里我不由自主地流下泪来，爸爸忙掏出手绢给我擦眼泪，同时又从口袋里掏出一支崭新的钢笔放到我面前说："这支笔送给你，算是爸爸向你道歉。"

214. 爸爸的礼物

爸爸给我买了一件塑料雨衣，蓝色的，圆圆的雨帽，还有两个兜。穿在身上透明、清爽，我可喜欢了！

自从有了这件雨衣，我每天早上起来都要看看天气，总希望老天下雨，好试试我那件新雨衣。

有一天，妈妈奇怪地问我："你每天早上出去看什么呀？"我说："看能不能下雨呀！"妈妈笑了笑，说："你们父子俩真有意思，一个怕下雨，一个又盼下雨。"我奇怪地问："这是为什么呀？"妈妈说："你不知道，你爸爸他们的施工队，最怕下雨了，一下雨，就不能进行正常施工啦！"哦！我恍然大悟。

215. 做表率的爸爸

爸爸拍拍我的头，说："王叔叔家7口人，孩子都大了，大儿子又要结婚，没房子。你们还小，咱家的房子虽小还住得了。应该把房子让给你王叔叔。"

妈妈听完，又开了腔："让房，非得你领这个头？"

爸爸说："你和我都工作多年了，不能看到别人有困难不闻、不问、不管啊！我记得，去年有一次，有个学生冬天穿得少，你把给我新织的毛衣送给了他。还有，你们学校优秀教师，你被选上了，有人争，你不也让了吗？我让房，也是向你学习呀！"

216. 我和伯父打赌

晚上，我和伯父打赌，我说"做"字声母念"ZH"音，伯父说念"Z"音，争执不下，最后决定查字典。"要是我赢了，怎么办？"我问。

"你赢了，我背你走一圈。"伯父回答。

"我输了呢？"我又问。

"输了嘛，"伯父摸了摸长满胡子的下巴，笑着说："让我用胡子扎你一下吧！"

"行！"我们勾勾手指，然后打开了字典。唉，我输了！字典上明明写着"做"字声母念"Z"音，我只好让伯父用又浓又密的胡子扎了一下。

"嘻嘻，红红做了书（输）记！"伯父笑话我。我却抓住伯父的小辫子，因为伯父不小心，把"做"念成了"ZHUO"。"伯父念错了，输了！输了！"我嚷嚷着要他背。伯父没办法，只好背起了我。

217．孝敬奶奶的妈妈

奶奶的裤腰带，上厕所一不小心弄湿了，妈妈安慰她说："妈，您老别伤心，别说您眼睛看不见，就是我们眼睛能看见，有时也会遇到这种事情。您就快上炕躺下休息吧，这腰带我给您洗。"可奶奶还要坚持自己洗，妈妈又亲热地说："唉，妈，您的脾气总是那么犟，别说您还有病，就是您没病，我们做儿女的连这点儿事儿都做不到，还讲什么孝敬老人啊。"

218．妈妈的教诲

妈妈严肃地说："你以为当主编就那么轻松吗？老师让你们办报，一方面是激发你们的学习兴趣，更重要的是要锻炼你们的毅力，培养你们的责任心。"我不好意思地低下头，我可没想过这么多呀。妈妈抚摸着我的头，又和蔼地对我说："蕾蕾，你不是早就想当主编吗？可你知道当主编有多辛苦，多不容易吗？他们为办好报纸或杂志，一丝不苟地工作。每天他们都是最后一个下班，有时回到家里还要反复修改稿件，工作到很晚，就是因为要对读者负责呀！"听了妈妈的一番话，我似乎明白了许多。

219. 淡漠的护士

我真想拿着大喇叭，再揪住她的耳朵大声地呼喊："快，快点，一个生命掌握在你的手中！人工合成有慈爱之心哪！"但我忍住了，只是提高了一点声音，说："阿姨，求求你们啦，这小孩很危险啊！求求啦。"那护士这才转过身来，白了我一眼，说："喊，喊，喊什么？烦死人了。"

220. 帮助奶奶学习

我草草检查了一会儿作业，也没看出啥，就对爸爸说："检查完了，没有错。"爸爸笑道："别那么自信，还是慎重点儿好。"这时妹妹听了，也插嘴说："我再来给奶奶检查检查。"她说着就拿起我的作业本翻看。突然，她大声笑起来，笑得前俯后仰的，差点把作业本都撕坏了。

221. 爱学习的爸爸

我来到爸爸床前一看，爸爸果然老老实实地躺在那里，可是嘴却好像在动，原来爸爸还在背英语单词。我对爸爸说："您不服从妈妈的'命令'，我告诉妈妈去。"说着，就要往外走。爸爸急忙拉住我说："刚刚，我昨天刚背好的单词，谁知睡了一觉，就全忘了。你千万不要告诉你妈妈。她也够辛苦的了，别在让她为我操心了。"我听着这诚挚的话语，只好答应了。可一见爸爸那疲劳的样子，马上改口说："您也太辛苦了，这样下去身体会垮的。"接着，我又不满地说："爸爸，您是工程师，又是大学生，有大学文凭，干嘛还那么玩命地学啊!"爸爸笑着说:"工作需要嘛!"他语重心长地说:"我现在学到的知识还远远不够呀!"我真后悔年轻时没多学几门外国语言,现在我都四十多岁的人了,学起来可真费劲。哎,'少壮不努力,老大徒伤悲'呀!不过,现在下功夫学还不晚,这也叫'活到老,学到老'嘛!"说完就哈哈大笑起来。

222. 厂里的规定

"张阿姨。"这时,小亮抢上前去,说:"出次品,扣工资,天经地义,我小亮没一点怨言。这个月我干得好,还多得了三十元呢。你不知道吧?张阿姨,求求你了,就先让厂长进屋吧!"

223. 正义的人们

我和妈妈正在公园里欣赏着美景,忽然空中"叭叭"两声响,一群鸟腾空而起,顿时响起"扑楞、扑楞"鸟拍翅膀的声音,接着从天下掉下一只喜鹊来。

"是谁这么缺德,打伤喜鹊?"我气愤地说着,刚要蹲下去拾起那只喜鹊忽然走过来一个拿气枪的人,他背上背着背包,里面鼓鼓的。我很气愤,鼓起勇气说:"叔叔,喜鹊是益鸟,你为什么打死它?"那人瞟了我一眼,说:"去去,小孩子,管什么闲事!""这不是闲事,人人都应保护益鸟,前几天我们还给鸟做窝呢!"我说。那人狠狠瞪了我一眼,刚要走,却被一位老爷爷拦住了,人群呼啦一下子围了过来。

"你是干什么的?为什么打鸟?"老爷爷严厉地质问那个人。那个人双手叉腰,摆出一副要打架的样子,回答道:"我干什么碍你什么事啊,这鸟又不是你家的,狗拿耗子——多管闲事,你管得着吗?"

说着，向老人靠近。我气愤极了，走上前去："你这个人怎么不讲理!"那位老爷爷也说："你还不如这个小孩懂事呢!"接着，老爷爷指指身上戴的红袖章说："就凭这我就能管你!"接着又给他讲爱鸟的道理。那人叉腰的手放下来了，还换了一副笑脸，显出恭恭敬敬的样子说："大爷，这回你就饶了我吧，下回再也不敢了，还不行吗?"周围的人都议论开了，这个说："这种人就得这么对付。"那边的人也说："广播经常宣传保护益鸟，还这么做，太差劲了。"老爷爷拉着他向公园管理处走去。

224. 内疚的我

爸爸终于开口了，问道："你期中考试得了多少分?"我一听，头顶上仿佛挨了重重的一击。这时爸爸声音放低了些，安慰似地说："不要害怕，你老老实实对爸爸说，爸爸不打你了。"我只好支支吾吾地说："语文考试得了八十二分，数学考试得了六十二分。"说完我低下头，又偷偷地瞟了爸爸一眼。爸爸脸色铁青，嘴唇绷得紧紧的，两手放在背后，来回踱着步……他低着头自言自语地说："我过去不应该那样打你，看来棍棒下面出不了'材'呀!"爸爸长出了一口气后，站了起来，平静地走到我身边，抚摸着我的头，对我说："去找找原因吧。今后有问题要多问。以后要长志气，爸爸相信你可以学好。""相信?"我第一次从爸爸嘴里听到这两个字，不由得鼻子一酸，嗓子里像塞了一团棉花，眼泪刷刷地流了下来。这时从来没有过的内疚涌上了我的心头……

225. 可爱的小弟

一天中午，我在门道里碰见了小弟弟。我对他说："我们学校要组织看电影了，我给你两张电影票吧。"小弟弟歪着头问："真的吗?"我拍着胸脯说："咱说话算话!"小弟弟高兴地拍着手跳起来。吃过饭，我就睡午觉。我睡得正香，觉得耳朵边直痒痒，还呼哧呼哧的，有谁在喘气。睁开眼一看，小弟弟一双胖手托着下巴颏儿，专等着我醒来呢。一见我睁开眼睛，他把嘴凑到我耳朵边，神秘地说："我们村里的大玉米棒子快熟了。我姐姐说，回去一定给你捎几个来。"说完就蹦蹦跳跳地走了。我听他在院子里和小姐姐悄悄地说话。小姐姐说： "说话要算话。还没做就嚷嚷，到时候捎不来，看你脸往哪儿搁!"

226. 开学典礼

开学那天，黄雀在空中叫，山上田野里的桃花含苞欲放，我的心激动得要跳出胸腔，开学典礼上，校长向我们介绍了新来的老师。大仓老师穿着一身制服，留平头。只见他一下子跳上领操台，开始讲话。

"我就是刚才介绍的大仓。名字叫大仓，可家里既没有大仓库，也没有小仓库，只有一间木板棚似的草底。家里很穷，是吃大麦饭长大的。不久前刚从学校毕业，今年二十二岁，请大家和我交朋友。"

简短的致词完了，他一鞠躬，轻轻地跳下来。学生中马上响起一片啧啧的赞叹声。我们还是第一次听到这样的开场白，大家惊讶地互相看着，暗地里开始喜欢这位年轻的老师。

227. 我和双喜

双喜常带我上山，山路又窄又滑，他总走在前面，一会儿拽着我的胳膊，一会儿拉着我的衣角，生怕我滑倒。他在荆棘丛生的山路中给我扒拉出一条小路，弄得他手上尽是小血口。

一天，我学着他的样儿上树捉知了，脚一松掉了下来，膝盖摔破了一大块，鲜血直流。这可吓坏了双喜，他立刻蹲下来，抱着我的腿说："都怨我，怎么不接着你呢？疼吗？"我怕他着急，摇了摇头，只见他立刻脱下白背心就擦，我说什么也不让，他急了："不让，我就把你一个人放在山上，不管你了。"说着，一手按着我的腿，一手小心地擦着。最后，血不流了，他把背心折成长条把我腿系住。"走，我背你回去！"说着就蹲下了。"我自己能走。"我说。"快来，我可有劲啦！""不！""再不来，我叫狼！"他生气地说。我只好由他背着走。……到了家，他便东翻西找。"哈！白药！"说着解下背心给我上药，然后用纱布包好。我捡起背心一看，惊叫着："呀！红一块白一块，怎么穿？""洗不掉就穿花的，怕啥？"他笑着说。

228. 顾老师的数学课

顾老师讲课很怪。一天，她在黑板上写下几组数，指着其中的一组问大家："你们看这两个比的比值是多少？""三分之一。"同学们响亮地回答道。"这两个比的比值相等吗？""相等。"我们回答。"好。"顾老师赞许地笑了笑，说："同学们，比值相等的两个比，说明两个比也相等，相等的两个比可以用等号连接。"顾老师突然煞住了话头，问大家："你们说说今天是讲什么？""比例！"同学们高声回答。她回过身去在黑板上写下了"比例"这个标题，新课就这样开始了。老师讲得津津有味，我们听得聚精会神。此时，我们学起新知识比复习旧知识都轻松。顾老师在提问与回答中把新旧知识融会贯通，例题不用讲就会了。

229. 姐姐的婚事

有一天，爸爸高兴地说："改菊，你不是想要哥哥吗？你姐姐新近谈了个对象。男方说咱家缺少劳力，愿意到咱家落户，你说好不好？"我和妹妹拍着小手，连声叫好。我急忙地问："哥哥什么时间到咱家呀？"爸爸说："明天和你姑奶一块儿回来。"

230. 班里的讨论

几个女同学在教室窃窃私语："李老师嗓子哑了，肯定操劳过度。""嗯，她为咱们操尽了心啦。""那怎么办呀？"这时，只听见一声大叫："你们女生就会'嗯，啊，是'，有本事想个好办法呀！"我们顺着叫声望去，原来是吴迪等五位男生着急地叫着。"我们不正在想嘛，可你们呢，乱嚷乱叫。其实，其实你们也想不出来。""我看呀，李老师这是老毛病了，一定得根除掉。"说着，贾骏峰做了个开刀的姿势。"这条计策太妙了。可是，你们想到没想到：一，开刀就得住院，住院费很多，李老师家不富裕，这些钱谁出呀？"陈田田反驳道。顿时，男生们哑口无言了。空气似乎凝结住了。

就在这时，一直沉默着的班长站了起来。不知谁叫了一声："哟，咱们的'副班主任'发言了，欢迎，欢迎！"大家都笑了。只见班长用平静的口吻一字一顿地说："我有万全之策，不知行否。"一瞬间，谁也不笑了，都用眼睛盯着她，那目光是恳切的，仿佛在说："快讲吧！""一，从明天起，上课专心听讲，积极举手发言，不让老师操心。二，回家向家长要一些治嗓子的药。""哗——"，教室里响起了热烈的掌声。然后大家拎起书包，分头行动。

231. 幽默的爷爷

七十四岁的爷爷戴上新手表的事一下子在村里传开了。晚上，调皮的小伙子们上门说："公公，听说您买了块进口表啦！"爷爷一愣，说："怎么舍得进口呢，我是戴在手上的。"奶奶忙解释说："进口表就是外国表。"爷爷听了难为情地一笑，然后胡子一翘说："中国人为啥要戴外国表？我就是喜欢中国表。"听了爷爷的话，大家都笑了。

232. 姥爷的教导

我再次提出要姥爷用车送我。姥爷严肃地说："公家的车不能乱用，不能为了方便自己，让国家受损失。"我说："您是大官，只要说句话，谁敢不送我。再说，送到火车站才能用多少汽油！""汽油虽然用得不多，但是也不能浪费。现在有许多人都利用手中的权势给自己谋私利，使国家大量的钱和物资流失。咱们虽然也节约不了多少，但要在点滴的小事上注意，不能浪费国家财产，让国家受损失。"姥爷抚摸着我的头耐心地说。

233. 有理想的男孩

"小弟弟，你在干什么？"我疑惑地问。

"造桥呗。"他连头也没抬，只顾将手中的一叠小木头往水潭里排列开去。

"造啥桥啊？"我好奇地又问了一句。

"造大桥。"他边回答，边将一块较大的木头往已造好的"桥墩"上放去。"哦，'大桥'造好啦！大家可以过桥了！"那男孩高兴得跳起来。"啪"的一声——脚踩得泥浆溅了开去，"大桥"倒塌了。

男孩抓了抓头皮，不声不响地又蹲下去，小心地拾起木块，重新搭了起来，嘴里还嘟囔着："这个木头桥不好，我长大了一定要造座更大更牢的桥。"

234. 我的二叔

谁知，大家都想错了！二叔把其中的 2000 元钱用来订购课桌椅，献给了村里的小学。他说："由于党的政策好，我振华挣了些钱，致富不能忘了乡亲们，忘了祖国。村里小孩现在用的课桌还是我读书时用的那些破桌子，一摇一晃的，连个端正的字也写不成，这怎么对得起孩子们呢！祖国还要靠他们去建设呀！"

235. 争执的男孩

没想到我的话刚说完，他恼了，脸涨得通红。要不是他推着自行车，说不定要跳起来。他说："大姐姐，你说错了，你认为我缺钱吗？爸爸妈妈每天给我的零用钱不止 1 元，可是，我不稀罕那些不靠自己劳动，从别人血汗中拿来的钱。今年大兴安岭遭火灾，那里的人民生活遇到了困难，老师说大兴安岭的人民和我们好比一家人，我们应该立即行动起来，想办法支援他们。我就趁中午最热的时候卖冰糕。我现在已赚了 17.25 元了。我想凑足 20 元钱，托老师给寄去。可你却把我当成……"他把找回的 4 元 5 分钱向我脚前一掷，推着车子就走。

236. 正义的爸爸

他还没说完，爸爸笑着的脸严肃了，他说："你想走后门，买通我一下？还是和我讲价钱，做买卖？我是大家选出来的，不能辜负大家的期望。谁干得好就给谁长。你应该好好干活，不能搞请客送礼这一套！"

237. 她的眼泪

她气得眼泪差一点儿从眼眶里滚出来，而后又平静地说："郑强，我们都是班长，应该团结一致，共同搞好班级。我基础差，虽然成绩暂时不如别人，可是我有很大的信心，不信，你等着瞧吧。"我惊愕得说不出话来。

238. 我的爷爷

爷爷回答说："那些人都是小贩，买了咱的菜，再去卖大价。而这些戴眼镜的叔叔是来咱乡搞扶贫工作的，他们帮助咱们走上富裕道路，卖给他们，少几个钱也情愿！"原来如此，我这才恍然大悟。

239. 写毛笔字

我说："写毛笔字嘛，一横就是一横，一竖就是一竖，横要平，竖要直，不能断断续续。但也不要平均用力，毛笔字的粗细和长短，都是靠毛笔的左右运转和提压的力量来变化的。"

240. 他的人格

他说："您需要什么，我可以买新的送给您，如果要我到日本捡破烂，我决不干！做人要有骨气，那种既丢国格，又丢人格的事，我是不能干的。"

241. 工人叔叔

我跑去开门一看，是一位身穿蓝色的棉大衣的工人叔叔。他身上背着工具袋，一边掸掉帽子上的雪花，一边解释说："我接到您家的电话就上路了，可是雪太大，路太滑，所以来晚了，真对不住您。"

242. 他的工作

他郑重地说："我不能每天只是打扫厕所啊，我想把自己二十多年在教数学课上的一点体会交给学校，对青年教师也许有点参考作用，也是我晚年给党做的一点工作。"

243. 幽默的奶奶

听了奶奶的话，我忍不住笑了，刚塞进嘴里的糖块被喷出老远，妈妈也笑得前俯后仰。奶奶却莫名其妙，忙指着荧屏上的人说："别闹了，别闹了，不要影响他们唱戏。"我们笑得更厉害了。

244. 送伞的人

他说："孩子，你长得真像你妈。这是你的伞，快回去吧！我给别的孩子送伞去。"说完，咳了几声，拖着一脚泥，转身蹒跚地走了。

245. 我和奶奶

奶奶捧着饼干，一时莫名其妙。当我把想法告诉奶奶时，她老人家紧紧地把我搂在怀里颤巍巍地说："好，我的好孙子，你能有这份心意就……给奶奶两句好话，奶奶就知足了。"

246. 值得学习的精神

我说："牛是人类的朋友，它辛勤地耕地劳作而不知索取，我们要学习这种默默奉献的精神；而斗牛的那种顽强拼搏和勇于向强者挑战的精神更值得我们学习。不论做什么，都要有牛那一股韧劲、拼劲……"

247. 老师的话

老师拍着我的头说："看来把决心变成行动，真不容易呀！"听了老师的话，我的耳根子像火烤一般。

248. 老师的帮助

他抬头疑惑地看了看老师，又看了看老师手中的书，《绕口令大王》。"董强，你要好好地治口吃的毛病呀！长大了才有出息，来，从今天起，天天读，天天背，你一定会很快治好口吃的……"老师那温柔的目光，和蔼真诚的神情，使董强心里荡起一丝温暖。他像捧宝贝似地捧着书，跑回家。

249．他的话语

"若说不苦，不是实话。可一看到那一车车原木运出山外，早不知把'苦'扔到哪个山头上去了。"他把脚塞到大木头鞋里，拍拍我肩膀说："小伙子，火车、汽车、高楼大厦哪儿不用我们伐的木材呢？"自豪地大笑着站起身，背起油锯。这时我才发现，他的个子是那么高大。

250．流泪的同学

"长方体表、表、表面积，用、用长乘、乘以宽，长乘、乘以高，宽乘、乘以高的和，乘、乘以二！"课堂上回答问题的是董强。他话音还未落，迎接他的总是一阵哄笑声。同学们有的乐得前仰后合，有的乐得流出了眼泪。你瞧他，手在微微发抖，血涌上他的面颊，眼泪在眼眶眶里直打转转……

251．激动人心的话

那是我在台北石牌国小读三年级的时候，级任老师上课时突然对我们说："今天晚上，同学们可以在夜空中看到著名的哈雷彗星，我希望大家都不要错过这个难得的机会。"接着老师告诉我们："1910年，它曾与地球上的人类见过面，而今，76年过去了，我们将会在今天与它见面。大家可以计算一下，它的运动周期是76年，等下一次我们见到哈雷彗星时，大家都已80多岁了！"老师最后这一句话一出口，立刻引起班级一阵不小的轰动。年仅六岁的我们，怎么去想象76年后彼此都已老态龙钟的样子？

126

252. 老师的话题

不一会儿，老师来了，全班顿时鸦雀无声。敬了礼后，老师就说："这节说话课，我出个题目，你们上台来说。说话时要从容，不要紧张。只要说得事理透彻，层次井然，不论长短都可以。"

253. 演讲者的话

人，是多么复杂啊！一切一切事情，决不像刘世吾所说的："就是那么回事。"不，决不是那么回事。正因为不是那么回事，所以人应该用正直的感情严肃认真地去对待一切。正因为这样，所以看见了不合理的事情，不能容忍的事情，就不要容忍，就要一次二次三次地斗争到底，一直到事情改变了为止。所以不要灰心丧气……至于爱情呢，既是……，那就咬咬牙，把这热情悄悄地压在自己心里吧！

254. 那个中年人

那个中年人把东西放在桌上，说："郑主任，听说这次招工是要考试的，在我儿子的问题上，请您帮个忙吧。"

255. 觉慧的话

觉慧不作声了。他脸上的表情变化得很快，这表现出来他的思想斗争是怎样地激烈。他皱紧眉头，然后微微地张开口加重语气地自语道："我是青年。"他又愤愤的说："我是青年！"过后他又怀疑似地慢声说道："我是青年。"最后用坚定的声音说："我是青年，不错，我是青年！"

256. 记忆中的角色

　　我在脑海中追溯我的全部经历，我不禁问自己：我活着为了什么？我生下来有什么目的？……目的一定是有的，我一定负有崇高的使命，因为我感觉到我的灵魂里充满无限力量。可是我猜不透这使命是什么，我迷恋着空虚而无聊的情欲；饱经情欲的磨练，我变得像铁一样又硬又冷，可是我永远丧失了高尚志向的火焰，丧失了这种人生最美的花朵。而且从那时起，我扮演过多少次命运之斧的角色！就像刑具似的，我往往无原无故而且毫不怜悯的落在劫数难逃的牺牲者的脑袋上……我的爱情没有给谁带来过幸福，因为我从来没有为我所爱的人牺牲过什么。我爱人是为了自己，为了自己的欢乐。我贪婪地吞号子她们的感情、她们的温柔、她们的欢乐和痛苦，只是为了满足我内心古怪的欲望，而且永远不知厌足。这好像一个饿得昏昏沉沉的人，在睡梦中看见前面摆满山珍海味和佳酿美酒，他欣喜若狂地吞咽着想像中的虚无珍赐，他似乎觉得好过了些……可是一但醒来，幻想消失了……剩下的是加倍的饥饿和绝望！

257. 安娜的苦恼

　　安娜·巴芙洛夫娜坐着，对自己越来越充满着悯心，最后甚至自言自语地发起议论来了："如果我欺侮了谁，偷了谁的东西，无缘无故罚了谁，或者把谁打得残废了，打死了，那我也是咎由自取，罪有应得……可是，这些事我都没有干！上帝为何要把我遗忘呢——真叫人纳闷！我觉得，对父母我一直是很孝敬的。孝敬父母，自有善报。只是唯独我——得到的不是善报，而是一场空！孝敬也罢，不孝敬也罢——都一个样！我出嫁时，父母没给我什么东西，而现在你看，建成了多大的庄园！这一切是怎么来了？是我使出了浑身解数挣来的！走这里，跑那里……在监护机关里甚至与看门人一起嗅鼻烟；为了得到一张证书，不惜在任何一个微不足道的小官吏面前点头哈腰，卑躬屈膝。这样才获得了如此之多的产业！我挣得这一切为了谁呢？谁来感谢我的辛勤劳动呢？一切辛苦奔忙都将化为乌有……我死后，谁也不会想到我！我将孤单单地死去，被埋葬……大概真正的棺材都不会做一口，弄根木头挖一个洞就算棺材了……不久前我问斯捷潘：'如果我死了，你高兴吗？'他一笑了之。换个人也许会说：'好妈妈，我会痛哭流涕的……'但谁知道他心里究竟是怎么想的！……"

258. 他的恐惧

"愿她在苦痛中醒来！"他带着可怕的激动喊着，跺着脚，由于一阵无法控制的激情发作而呻吟起来。"唉，她到死都是一个撒谎的人呀！她在哪儿？不在那里——不在天堂——没有毁灭——在哪儿？啊！你说过不管我的痛苦！我只要做一个祷告——我要重复地说，直到我的舌头发硬——凯瑟琳·恩萧，只要在我还活着的时候，愿你也不得安息！你说我害了你——那么，缠着我吧！被害的人是缠着他的凶手的。我相信——我知道鬼魂是在人世间漫游的。那就永远跟着我——采取任何形式——把我逼疯吧！只要别把我撇在这个深渊里，这儿我找不到你！啊，上帝！真是没法说呀！没有我的生命，因为我不能活下去！没有我的灵魂，我不能活下去啊！"

259. 冒险家的话

我们这位新簇簇的冒险家一边走一边自言自语："记载我丰功伟

绩的真史，将会传播于世。那位执笔的博学之士写到我大清早的第一次出行，安知不是用这样的文词呢：……这时候著名的骑士堂吉诃德·台·拉·曼却已经抛开懒人的鸭绒被褥，骑上他的名马驽难得，走上古老的、举世闻名的蒙帖艾尔郊原。"他确实是往那里走。他接着说："我的丰功伟绩值得镂在青铜上，刻在大理石上，画在木板上，万古留芳；几时这些事迹留传于世，那真是幸福的年代、幸福的世纪了。哎，这部奇史的作者、博学的魔术师啊，不论你是谁，请不要忘记我的好坐骑驽难得、我道路上寸步不离的伴侣。"他接着又仿佛是痴情颠倒似地说："哎，杜尔西内娅公主，束缚着我这颗心的主子！你严词命我不得瞻仰芳容，你这样驱逐我、呵斥我，真是对我太残酷了！小姐啊，我听凭你辖治的这颗心，只为一片痴情，受尽折磨，请你别把它忘掉啊！"

260. 生命的意义

保尔的手缓缓地摘下头上的帽子，他的心充满了悲伤，充满了极度的、难言的悲伤。人最宝贵的东西是生命，生命属于我们只有一次。一个人的生命是应当这样度过的：当他回首往事的时候，他不因虚度年华而悔恨，也不因碌碌无为而羞耻——这样，在临死的时候，他就能够说："我整个的生命和全部的精力，都已献给世界上最壮丽的事业——为人类的解放而斗争。"保尔感到了赶紧工作的迫切需要，因为惟有这样，他才能充分利用他的生命。他觉得这生命是随时都会因疾病或是什么悲惨的意外而突然结束的。

261. 她的倾诉

她爱他已经爱到敢于当面对他倾吐心曲。她会对他说："当我毫无所求于你的时候，你曾追求过我；现在，只要你要我的话，我全身心都是你的；你瞧啦，我并不害怕变成一个渔夫的女人。虽然在潘保尔的那些男子里面，如果我想要谁做丈夫的话，我是只须挑选就行；可是我却爱你，因为不论怎样，我总相信你比其余的青年们好。我稍微有一点钱；我知道我生得漂亮；我虽曾在都会里面住过，但我可以对你发誓，我是一个贞淑的女子，我从来没有做过什么坏事；那么，我既然这样爱你，你为什么不肯要我呢？"

可是这一切话永远不会讲出，永远只能在梦中说着。已经太迟了，尧恩决不会听到它们。第二度再想法子和他谈话呢？……与其这样，她是宁愿死的。

262. 买彩票的老人

几经考虑，王鸿终于走到一位老奶奶面前，那位老奶奶笑呵呵地问道："帅小伙儿，买两张福利彩票吧，碰碰运气，兴许能揣着几万块钱回家过年呢。再说，刚才就有一位小哥儿在这花五十元抱走一个微波炉，对了，还有个电饭煲，多划算！"王鸿一听乐了，二话没说掏出 200 元，"我买 66 张！"老奶奶更乐了，"这小伙子挺逗，好，就冲这吉利数，你也能抱走一个大彩电，找你 68，也挺吉利，自己抽券吧！"

263. 食堂里的女生

一次在清华食堂吃饭，对面做了两个女生，听到一位对另一位说："我还没吃饱，想再吃一点。"另一位说："想吃什么，我去买。"前一女生说："就是那种扇形锐角饼，你帮我再买两块！"我暗想：清华的女生确实不一样，我们平时只是称那种饼为三角饼。这样的女人不敢娶，要不结婚以后叫老公吃饭，喂，那个不规则多面体，过来！

264. 看门人

雪纷飞，我一个劲的敲着宿管科的门，当门终于被我敲开时，我毕恭毕敬地说道："您能不能给我开一下门？"老蔡怒道："你比谁特殊些是怎么的？学校规定 6：00 开门就得 6：00 开。"说完，门"砰"一声关上了，他竟又回到屋里，留下我一个人傻愣愣地立在那里。

265. 生活的窘迫

"孩子们饿得抱着哭，我只有厚着脸皮出来讨点米。我只要米，不要钱。我不是叫花子，我是凭一双手吃饭的人！唉！真不好意思，我怎么到了这一天！""您给我这么多！谢谢。太太，我不晓得怎么说才好。我——我直想哭。"

"再赏一点吧，太太，这点钱买个烧饼都不够！""您再给我一点我就走，免得我把您的地方站脏了，再多给一点吧！"

266. 和长官对话

"我本来走我的路，长官，没招谁没惹谁，……我和别人说话，忽然间，这个坏东西无缘无故的把我的手指咬了一口。请原谅我，我是个干细致活的人。……我的活儿细致，这得赔我一笔钱才成，因为我也许一个星期都不能动这根手指头了。……法律上，长官，也没有这么一条，说是人受了畜生的害就得忍着。……要是人人都遭狗咬，那还不如别在这个世界上活着的好……"

"恩！好！这是谁家的狗？这种事我不能放过不管。我要拿点颜色出来叫那些放狗出来闯祸的人看看！现在也该管管不愿意遵守法令的老爷们了！等到罚了款，他，这个混蛋，才会明白把狗和别的畜生放出来有什么下场！我要给他点厉害瞧瞧……"警官对警察说，"你去调查清楚这是谁家的狗，打个报告上来！这条狗得打死才成。不许拖延！这多半是条疯狗。……我问你们：这是谁家的狗？"

"这条狗是将军家的！"人群里有个人说。

"将军家的？恩！……你，……难道它够得到你的手指头？它怎么会咬你的？指头多半是让小钉子扎破了，后来却异想天开，要人家赔你钱了。你这种人啊……谁都知道是个什么路数！我可知道你们这些魔鬼！"

267. 女孩的学费

一个起风的日子，灰蒙蒙的天幕下，林立的楼群丛中，蹲伏着一座破旧的土坯房。

门槛上，坐着一个奶孩子的女人，憔悴，瘦小，头发枯黄，眼睛木然无神，一动不动地望着远方。孩子如街头一只被人遗弃的小猫，孱弱单薄，伶仃瘦骨，饥渴的小嘴费劲地吮吸的，在一四十多岁的男人脚边爬滚着。他是篾匠，双手骨结粗大，满是老茧与冻疮裂口。布满皱纹的脸上，隐约有一丝悲凉、烦躁与暴戾，头上杂乱的灰发，在风中微微颤动。

篾匠在劈竹子。冷空气中，毛竹"咔嚓咔嚓"的破裂声不断响。

一个女孩从房前的河里走上来。她十四五岁，抱着一大叠尿布，麻利地晾在篱笆上，看看暂时没事了，犹豫了一下，径直走到篾匠跟前。

"爹……"

"恩……"

"学费……"

"……"

"爹，今天是限期的最后一天了，老师说再不交学费就停我的学。"

委屈的泪水，在女孩怯生生却充满灵气的眼眶里盘旋。她苍白的脸上写满了祈求与惶惑。

"没说过吗，你老子没钱！"

"爹，求您了"

泪水，伴着哀求，终于滑落，一滴滴溶进了脚下那片叹息着的土地。

"……"

"妈……"

女孩哽咽着转过头，将残存的一丝希望投向门槛上的女人。可母亲也终于绝望了，彻彻底底，完完全全地绝望了。她无动于衷地坐着，呆滞的目光还是一动不动地望着远方，好象周围的一切都与她无关。

268. 警察妈妈

今天是我的生日，我早就跟我的警察妈妈说好了，让她早点回来为我庆祝生日。可现在已九点多了，妈妈还没有回来！就在我困得迷迷糊糊快要睡着时，妈妈开门进来了。我一肚子气，冲着妈妈大喊："你怎么回来这么晚，说好了回来和我一起庆祝生日的，你骗人，妈妈是个大骗子。"妈妈笑着亲切地对我说："妈妈是警察，维护社会治安是我的职责。不维护好社会治安，怎么对得起国家和人民对我们的期望啊！"

269. 同桌小文

我正躺在病床上，忽然响起了敲门声，开门后进来的是同桌小文。她得知我生病，是特意来帮我补课的。小文讲得详细又清晰，讲完后我连声说谢谢，她却淡淡一笑："别客气，别人有了困难就应该热心帮助，这是我应该做的。"

270. 我的发明

我是一个比较内向文静的女孩，学校的运动场上很少见到我的身影。课余时间，我爱看小说。放学回家，除了做家务，我特别钟情于装扮我的小假山。

有一次，我突发奇想：把小假山变成"花果山"！我马上拿来剪刀、彩笔、银色纸片，还有泥塑。我运用美术课的知识，用泥塑捏了几只抓耳挠腮的猴子……一切完工，生气勃勃的"大圣称霸花果山"的情景便跃现眼前。

望着自己的杰作，我心满意足地笑了。这时，爸爸走过来，拍着我的肩膀说："不错，手真巧！这是一座小假山，你喜欢它，是因为它美。你可想到，祖国的山河比这假山大得多，美得多，你更应该热爱我们的祖国！""那当然啦！"我说，"爸爸，告诉你一个秘密，我长大了要做一个地质勘探员，像李四光那样为祖国开发更多的油田，把祖国建设得更美！""好，有志气！哈哈……"

271. 在米行里

"糙米五块，谷三块。"米行里的先生有气无力地回答他们。

"什么！旧毡帽朋友几乎不相信他们的耳朵，美满的希望突地一沉，大家都呆了。

"在六月里，你们不是卖十三块吗？"

"十五块也卖过，不要说十三块。"

"哪里有跌得这样厉害的？"

"现在是什么时候，你们不知道吗？各处的米像潮水一样涌来，隔几天还要跌呢！"

"还是不要粜的好。我们摇回去放在家里吧！"从简单的心里喷出了这样激愤的话。

"嗤，"先生冷笑着，"你们不粜，人家就饿死了吗？各地方多的是洋米洋面，头几批还没吃完，外洋大轮船又有几批运来"。

272．田忌赛马

孙膑招呼田忌过来，拍着他的肩膀，说："从刚才的情形看，齐威王的马比你的快不了多少呀。"

孙膑还没说完，田忌瞪了他一眼，说："想不到你也来挖苦我！"

孙膑说："我不是挖苦你，你再同他赛一次，我有办法让你取胜。"

田忌疑惑地看着孙膑："你是说另换几匹马？"

孙膑摇摇头说："一匹也不用换。"

田忌没信心地说："那不是照样输！"

孙膑胸有成竹地说："你就照我的主意办吧！"

齐威王正在得意洋洋地夸耀自己的马，看见田忌和孙膑走过来，便讥讽田忌："怎么？难道你还不服气？"

田忌说："当然不服气，咱们再赛一次！"

齐威王轻蔑他说："那就来吧！"

一声锣响，赛马又开始了。

273. 花市

年轻干部手里摇着黑色纸扇，上下看了老头一眼，似笑非笑地说："老头，你晓得这是什么花？"

"令箭荷花！"

"原产哪里？"

"原产……原产姑娘家里！"

年轻干部哈哈大笑。

274. 全家迎新年

那天，爸爸一大早就到街上买回了四只红彤彤的大高升。吃过晚饭奶奶咧着掉了牙的嘴，笑呵呵地说："一定要在 12 点放，你们去睡吧，到时候我叫你们。"那张刻满皱纹的脸像朵大菊花，浑黄的眼睛变得亮多了。

全家一个人也没去睡，都聚在客厅里看电视，虽然文艺晚会很精彩，但是我们谁也没心思看。爸爸把手表和大挂钟对准了时间，笑着说："这次我们看看谁家放得最准时。"

"爸，我也放！我一定最准时，看，我戴的是电子表，我在 11 点 59 分 55 秒放，声音一响正好 12 点！"我欢叫着。

"哼，看你美的，你肯定不行。"哥哥不屑一顾，斜眼望着我。

时间就像蜗牛在爬，好长好长时间才爬过几分钟。不知为什么，今晚时间过得特别慢，平时几个小时一眨眼就过去了，可今晚……

我挪了挪屁股说："今晚时间过得怎么这么慢，大概时间老人喝醉了酒忘记报时了。"

奶奶"噗嗤"一声笑开了："看这孩子，看这孩子！心这么急！"

说话间挂钟"当"的一声，我急忙跳起来，"爸，放高升，快！"我大声叫着。

爸爸和哥哥笑得弯了腰，哥哥指着挂钟说："你看看现在几点？"

我一看，心一下子沉下去，怎么只有 11 点半？

"别急，还有半个小时，大家都要提高警惕！"爸爸提醒我们，我又振作起来，准备好了高升与打火机，紧张地看着手腕上的电子表。

"奶奶，今天我们还放高升吗？"

"放，放。"

"今晚我一定要放得最准时。"

"傻孩子，不准时也不要紧，现在有这样好的生活，全靠党的富民政策。"奶奶不知从什么时候也开窍了。

"砰"又一只高升上天了……

275. 最后一课

接着，韩麦尔先生从这一件事谈到那一件事，谈到法国语言上来了。他说，法国语言是世界上最美的语言——最明白，最精确；又说，我们必须把它记在心里，永远别忘了它，亡了国当了奴隶的人民，只要牢牢记住他们的语言，就好象拿着一把打开监狱大门的钥匙。说到这里，他就翻书讲语法。

276. 威伯的话

"噢，"威伯说，"我并不善于说什么大道理。我也不能像你说得那么好。但我要说，你已经救了我，夏洛，而且我很高兴能为你奉献我的生命——我真的很愿意。"

"我相信你会的。我要感谢你这无私的友情。"

"夏洛,"威伯说,"我们今天就要回家了。展览会快结束了。再回到谷仓地窖的家,和绵羊、母鹅们在一起不是很快活吗?你不盼着回家吗?"

夏洛沉默了好一会儿。然后她用一种低得威伯几乎都听不到的声音说:"我将不回谷仓了。"

"不回去?"他叫,"夏洛,你在说什么?"

277. 刷鞋

星期天下午,我做完作业,自己开始洗球鞋。在池子里接满了水,把球鞋泡在里面。过了几分钟,捞上浸湿的球鞋,准备擦肥皂。可是找不到肥皂,也找不到刷子。就高声喊起来:

"妈妈,刷子放在哪儿?"

"在水管上面。"妈妈在厨房里说。

"妈妈,肥皂怎么没有?"

"你没看见在窗台上!"

"妈妈,先刷鞋面还是鞋里?"

"你自己想想!"妈妈有点不耐烦了。

"妈妈,鞋带要解下来洗吗?"

"唉,真是!"妈妈没好气地嚷道。

我见妈妈没回答我,就盯着她:"妈,你说啊!"

"哎呀!看你洗一双鞋,比我自己洗十双鞋还累呢!"

278. 听爸爸讲道理

爸爸坐在沙发上,故意不告诉妮妮:"你先猜一猜,卧室为什么漆成蓝色呢?"

妮妮手托着腮,仔细想了想说:"肯定与睡觉有关。"

爸爸点了点头,竟像老师一样讲解起来:"对!人类曾经历了漫长的原始社会。那时,一到夜晚,人们就不得不停止一切活动,钻进地穴,用毛皮裹身睡觉。于是蓝色代表静止。卧室涂成蓝色,使人情绪稳定,容易进入梦乡。但是,人看到蓝色,还会想到空旷的夜晚,会感到一种冷意,所以涂成淡蓝色。"

妮妮似乎有些明白了,看着起居室说:"那么起居室的黄颜色就代表白天了?"

"可以这么说。当天渐渐发亮,一切被阳光涂成了一种淡淡的黄色,人们就开始活动了。久而久之,黄色代表活动。"爸爸接着又问:"你说说,什么季节绿色开始进入我们的生活?"

"是春天!万物苏醒,大地披上绿装,一片生机勃勃。"妮妮不假思索地说。

"对了,绿色的植物给人类带来了无穷无尽的食物和天然保护,我用绿色装点我的会客室。"

"爸爸,请你再说一说,我的房间为什么涂成粉红色?"

爸爸说:"红色代表热情、青春、朝气……"

还没等爸爸说完,妮妮抢着说:"我有点明白了,为什么我的卧室要漆成淡粉色了。"

279. 弟弟的恐惧

"快放我出去!快放我出去!"小弟弟一个人在屋里喊。

"弟弟别哭,姐姐帮你。"姐姐先稳住小弟弟,然后蹲下身,嘴对着门缝说:"我喊一二三,你听到'三'就扭锁把儿,好吗?"

"好。"

"一二——三!""三"字刚出口,门锁咔嚓一响,姐姐一推门,小弟弟像个陀螺一样翻倒在地上。姐姐大笑起来。

280. 爷爷的衣服

"爷爷,您为什么老喜欢穿这件衣服呢?"

"因为这是用纯棉布做的呀。"

"棉布有什么好,那么硬,那么粗糙,还容易脏。"

"可爷爷穿在身上,就像回到了年轻时在棉纺厂工作的车床前。"

281. 阅读少年报

陆允丰高兴地举着新出版的《少年报》蹦蹦跳跳地跑进教室,大声喊:"《少年报》来喽!《少年报》来喽!"

"给我看看!"李园园三步并作两步走,一下子冲到陆允丰的面前,迫不及待地说:"给我看看!"

陆允丰把《少年报》递给了又叫又嚷的李园园。

李园园接过《少年报》一看,叫了起来:"哈,真新奇,大象和蚂蚁比力气!"

陆允丰翘起大拇指,脱口而出:"那当然是大象的力气大喽!"

"不,是蚂蚁的力气大!"

陆允丰反驳道:"大象能卷起一棵大树,蚂蚁能吗?"

李园园指着报纸读道:"蚂蚁能驮起比自己身体重几十倍的东西,可是大象却不能!"

"嗯,这倒也是。"陆允丰听了李园园的话,觉得有道理,轻声说。

看到李园园那津津有味读报的样子,陆允丰请求说:"咱们一起

看报吧!"

"好吧!"李园园乐意地说。他俩手拉手走到座位上，看起报来。

282. 我的诗

快到八点钟时，父亲终于推门而入。他进了饭厅，目光被餐桌上的那首诗吸引住了。我紧张极了。

"这是什么?"父亲伸手拿起我的诗。

母亲上前说道："亲爱的，发生了一件奇妙的事。巴迪写了一首诗，精彩极了……"

"对不起，我自己会判断的。"父亲开始读诗。

我把头埋得低低的。诗只有十行，可我觉得他读了几个小时。

"我看这首诗糟糕透了。"父亲把诗扔回原处。

我的眼睛湿润了，头也沉重得抬不起来。

"亲爱的，我真不懂你是什么意思!"母亲嚷着，"这不是在你的公司里。巴迪还是个孩子，这是他写的第一首诗，他需要鼓励。"

"我不明白，"父亲并不退让，"难道这世界上糟糕的诗还不够多么?"

我再也受不了了。我冲出饭厅，跑进自己的房间，扑到床上失声痛哭起来。饭厅里，父母还在为那首诗争吵着。

283. 爸爸和香烟

"磊磊，好磊磊，快告诉爸爸，香烟藏在什么地方?"

"不，妈妈不让。"

"磊磊，你不知道吧，写文章抽支烟，一写一大篇。"

"爸爸，生活顾问从来没有这样讲过。"

"磊磊，爸爸明天带你去玄武湖看猴子翻跟斗好不好？快告诉我。"

"不嘛，我才不做叛徒呢，就不告诉你。"

284. 换玩具

有一天，妈妈不在家，莉莉的小伙伴强强到她家来玩，看见鱼缸里的小金鱼，说："我们来换一下：你把小金鱼给我，我把哨子给你。"

"我要哨子有什么用？"莉莉说，"我看鱼比哨子好。"

"鱼有什么好？哨子会叫，可是鱼呢，难道鱼也会叫？"

"鱼为什么要叫？"莉莉说，"鱼不会叫，但它会游泳，难道哨子也会游泳？"

"你说的对，"强强笑着说，"有谁见过哨子游泳？不过，鱼会被猫吃掉，而哨子可不会，它是铁做的。"

285. 宁宁的奖状

妈妈笑着抬起头，认真地打量了一下女儿，只见宁宁那带着彩色的黑底短裙边，露出小半截纸卷，背后，小手上好像还拿着什么。

妈妈说："是什么呀？"宁宁眨着眼睛说："你猜嘛！"妈妈一抬头看到了客厅墙上宁宁订的计划，心想，这孩子说到做到，这次……她轻轻一点头，说："一定是你又被评上了三好学生，领回来一张花奖状！"

宁宁连连摇头说："不对，不对！三好生评比要等到学期结束呢！"

妈妈转动着一双眼睛接着猜：这孩子学雷锋，学赖宁，处处都争进步，平日获得的奖状挺多的呢，什么"小发明"奖、"作文比赛"奖……这次会是什么呢？噢，对了！为了庆祝"六一"儿童节，少年宫举办文艺演出。这些天，宁宁每天下午放学后都去排练，节假日也不例外，流了不少汗水，可刻苦了。说是要向雷锋叔叔学，为了集体，不怕吃苦。上星期，宁宁感冒发烧，卧床休息了两天，可她仍没有忘记排练，就连梦中都在咕哝着，这次……妈妈望望宁宁漂亮的小花裙，手一拍说："一定是你在少年宫的文艺汇演上获奖了！带回来的是奖状，对吗？"宁宁咯咯咯地笑了，说："对啦！对啦，妈妈真神！还有几个漂亮的小奖品呢！"宁宁一手拿着金光闪闪的奖状，一手拿着一只精致的小包包，高高地举到妈妈的面前。

原来，在今天下午的"六一"汇演中，宁宁以优美的舞姿获得了演出优胜奖。妈妈高兴得两眼眯成了一条缝，搂着宁宁的脖子说："今天就写信，告诉你爸爸。"

286. 保持通话

"韩刚出差了？"我问。

"韩经理没跟您说？"

"没说啊，都快一个月了，他妈都不知道他去哪了。"

"雷雷弟弟，你是韩总的好朋友，我不瞒你了，公司偷税被人举报了。"

"偷税？你们公司偷税？韩刚不是那样的人啊！"

"税务局的人都来了，韩总把公司的事儿交给律师，然后说他自己很烦说要出去旅行，有什么事让我给他打现在这个电话。"说完助理开始给我在一张便签上写韩刚现在的电话号码。

"偷税的数大么？"

"好像数还挺大，现在就是韩总请的律师一直在处理整个事儿，公司的账面都冻结了，现在账本已经都封存了，今天公司最后一天上班，明天也先关门了。"

"你在哪呢？"

"三亚，这暖和，沈阳太冷了。"

"去几天了？"

"一个多月了都。给一个小饭馆打工，他们不知道我是干什么的，我不管他们要工钱，他们管我吃住。"

"韩刚，公司的事我知道了，我爸有个同学在税务局，这个事儿我爸说他能管，罚款就行。"

"…"

"韩刚，还有个事儿我要跟你说。"

"说吧。"

"赵明磊出车祸了，住院了。"

"什么？怎么弄的？严重么？"

"好多了，我和老杨轮流晚上去守着他，白天他父母在那。"

"雷雷，我那明天就回沈阳，带我去看看赵明磊吧，我想明白了，我爱他。"

"好好，明天我去接你，明天几点到，我接你去！"

287. 可爱的小狗

"嘿，妈妈！"我高兴的转过头，"你看那只小狗狗好可爱啊。"

妈妈看了看小狗，说："嗯，是很可爱。"

"上次爸爸答应我可以养一只小狗的。"

"可那得等到你放了暑假以后，不是吗？"

"哦，可是……"我嗫嚅着，"我真的好喜欢它，你看它多可爱。"

"那也不行！"妈妈的回答不容置疑。

我有点沮丧，"要是爸爸，一定没这么难说话。"我心里想着，懊恼出门的时候没有把爸爸也拖出来。

这么想着，我一扭头，不去看妈妈，赌气的说："要是爸爸一定会买给我的。"

妈妈笑了笑蹲下来，双手握起我的小拳头，"哎呀！生气了？"

"乖，"妈妈说："不是不买给你，可是现在你没放假，爸爸妈妈每天都要上班，谁来照顾小狗呢？谁和小狗玩呢？"

"……"

见我不说话，妈妈接着说："还有啊，小狗饿了你会做饭给它吃吗？小狗脏了你给洗澡吗？"

288. 吴老师

上课时，吴老师背着手在教室里来回走动，她低着头愁眉苦脸的，好像在思考着什么问题。突然，她一拍脑门，似乎想起了什么。

只见老师快步走到办公桌前，仔细地寻找起来。找了一会儿，也没有发现她要找的东西。她把手放在后脑勺上，眼睛转来转去，在想着。忽然一拍大腿，仿佛想起了什么，她拉开左边的一个抽屉，从里面拿出了一支笔，坐在板凳上快速地写了起来。

289. 我的埋怨

我十分委屈地叫了起来："都怪你！都怪你！要是你到教室门口来接我，我就会安心，就不会考不好！"不争气的眼泪从我脸颊上流了下来。

290. 发火

我终于对姥姥发火了："姥姥，我做作业，他抢我的笔，你不管，说让他玩一会儿；东东打别的小朋友，你不批评他，还说厉害点不受人欺负；东东摔玩具，你说值不了几个钱，再买新的……你这样宠他，偏爱他，那是害他呀！姥姥，对东东你千万不要再这样了……"

291. 鼓励

我对爸爸说："爸，现代人的经济观念都更新了，什么第三产业、第二职业、下海、打工……咱家可不能落后呀！您和我妈也'下海'游游吧！"

292. 争吵

我不知哪儿来的力量，大声对那几个学生说："你们不要破坏公共财物！"几个中学生没搭话，都指着我哈哈大笑起来。看着他们眼里露出的轻蔑的目光，我瞪圆了愤怒的眼睛说："做得不对，谁都可以管！"

293. 打工的人们

一天，已经回乡的男人们接到了老板的邀请函，邀请他们共同完成一项重大任务，把某公司的办公楼建起来。

因为是第一天来这里，大家都怕被"炒鱿鱼"，都干得很卖力。老板看到他们干得很来劲，心里十分高兴，脸上洋溢着愉快的表情，哈哈大笑地对大家说"加劲儿干吧，晚上我请你们吃大餐，开洋荤!"工友们忙着干活，但明显看得出来，老板的话像兴奋剂一样刺激了他们，一个个表情都很激动。

过了一天，甲工友嫌活太累，油嘴滑舌地把自己的活交给乙工友。乙工友是个老实巴交的人，木木讷讷地小声说："行吧。"默默地点了点头。丙工友是一个心直口快外向性格的人，这种欺负人的事他实在看不下眼，就报告给了老板。老板一听说这事，一股火气直往头上窜，气愤得像一个怒吼的狮子，满脸怒气地厉声训斥甲工友："从今天起你被解雇了。"甲工友眨了眨眼睛，脸色发白，没说什么，默默地去收拾行李卷去了……

294. 优异的成绩单

星期天下午，我从英语班出来，高兴地拿了一张 100 分的英语卷回家了。

我刚一推开家门，高兴得像吃了兴奋剂一样，兴高采烈地对妈妈说："妈，你猜我给你带来了什么?"

正在低头扫地的妈妈抬起头来，笑眯眯地看着我说："是不是英语考 100 分了？"

我灵机一动，心想先试探一下妈妈，就支支吾吾："嗯嗯……我我……可是……那个……"

妈妈被我支吾毛了，像一只被拔了毛的老虎，瞪着眼睛没好气地追问："到底英语考了多少分？啊？"脸色立马由晴转阴了。

我说："考了 100 分。"这时，妈妈的脸色又由阴转晴了，紧紧地抱住了我。

295. 我的好朋友

下午上课时，我的目光投向窗外，哇，下了这么大的雨呀！我可怎么会回家呢？

"叮铃铃——"下课了，我匆匆地走出教学楼。我以为不会有人来接我，可是没想到的是，一把雨伞在我头上撑了起来，我回头一看原来是好朋友张思琦。她用甜美的声音对我说："李欣，快走吧，我送你回家。"我的心里立刻涌起了一股暖流，浑身暖烘烘的。

296. 快乐的对话

一天早晨我刚来到学校，就有三名同学把我叫到一边，问我一个问题。

甲同学边拍手边笑嘻嘻地问我："元旦就要到了，你准备什么节目了？"她用期待的目光等待我的回答，而这突如其来的问题让我毫无准备。

不等我回答，乙同学显得很开心，眉飞色舞地说："我准备跳一个舞蹈。"说着就两手一合跳了一圈，看那表情很有成就感。

　　我又要开口，丙同学着急地举着手，急不可待地宣布："我要表演一个魔术，可精彩了。"两眼发光，太激动了。终于轮到我了。我平常又开心地告诉她们："我准备弹钢琴。"自己觉得说这话的时候心里充满了骄傲。

　　这时候，也不知道为什么，我们四个人把手握到了一起，异口同声地说："我们一起加油！"停了片刻，又都哈哈大笑起来。

　　那天早晨那么美好，那是多么快乐的对话呀。

297. 得奖的我

　　我跨进了家门，大声地对妈妈说"妈妈，我在应用题比赛上得了优秀奖！"

　　正在做饭的妈妈放下手中的活儿，转过头来看着我，声音甜美地说："是吗？你真棒！"听到妈妈的夸奖，我觉得很温暖，心里很舒服，就像猫吃着好吃的鱼一样。

　　我走进房间，放下书包，大声对厨房里的妈妈说："谢谢妈妈！"

　　"不要太骄傲，不然学习成绩会下降的。"妈妈边做饭边对我大声说。

　　"我一定会努力的。"我拿起笔开始写作业了。

298. 妈妈的爱

　　有一天，我跟东东出去玩。路上，我们又是唱又是跳。突然路上有一块石头，不好，"哇！"东东卡倒了！不好，不好，太不好了！

　　回到东东家，他妈妈很着急。妈妈疼爱孩子，急得都要送他上医院了。阿姨叹了一口气，愁眉不展地说："这孩子，哎，一点儿都不省心！"

"又不是我的错。"东东很来气地辩解道。

听着东东的话，我脑海中重现着他卡倒时的情景，一个声音打断了我的思绪："你走路不会看着点吗?!"他妈妈大声喊道。

妈妈的话虽然是在批评孩子，但我感到了那焦急的深深的爱。

299. 爱玩的我

一天，我在学校刚刚疯完，就满脸是汗地跑回家吃饭。

一进门，我就上气不接下气地喘着粗气，大声问妈妈："妈妈，我饿了，饭好了吗?"

妈妈正在做饭，看到我满头大汗，生气地说："你这孩子整天在学校疯，弄得黑乎乎的。"妈妈面无表情，涨红着脸。

300. 我的一百分

一进家门，我书包还没放下，就迫不及待地大声说："妈妈！我考了一百分!"

妈妈立即放下手里的活儿，黑色的眼睛闪闪发光，喜出望外地问："真的吗?"声音听起来非常甜美。

妈妈的话让我如沐春风，高兴地说："真的!"我以最大的声音回答了妈妈的问题，感觉太好了。

妈妈眼睛里放出一种可以温暖我心田的光芒，异常兴奋地说："太棒了，我的好孩子。"说着就抱着我转了一圈，恨不得让全世界都知道我考了一百分，让全世界都知道她高兴的心情。

301. 迟到的同学

一天，作文课堂上，一个同学迟到了。他敲门后风尘仆仆地进了教室，喘息着说："老师，对不起，我迟到了。"显得手足无措。

老师问："你为什么来晚？"那神色即平和又严肃，目光炯炯有神。

那位同学红着脸，低下头小声说："妈妈领我上医院看病所以来晚了。"

老师和风细雨地说："下次注意，回座吧。"老师的声音很温柔，那位同学回到座位上坐下了。

看来老师并没生气，我接着话把嘟嘟哝哝："要是别人都这样，下次我也来晚。"

302. 我和妈妈

晚上七点多钟我才回家，走到家门口不敢进去，因为我这么晚回家妈妈会说我的。我冒着胆子推开门，发现家里没有人，就给妈妈打电话，我着急地说："妈，你在哪里？"

"你下楼吧。"妈妈高兴地说。

我一听，心想一定有好事儿，但还不明白，就说："为什么？"疑惑的心情里带着一丝希望，但我还是不知道为什么。

传来妈妈悦耳的声音："你跟我去饭店吃大餐！"妈妈的话给我送来了惊喜。突然妈妈觉察到了什么似的，又回来一句"对了——你是不是刚回来？"

我被妈妈猜中了，没了底气，只好认账，小声地回答："是……"声音很迟钝。

"干嘛去了?"刚才还是高兴的妈妈现在怎么就……哎,完喽!妈妈脸上一定是晴转多云了。

"做题。"我紧张得就像见了猫的老鼠。

"做什么题做到这么久?"妈妈的话听起来就像老虎在吼叫。

303. 耳边的话

那夜,我失眠了,妈妈的话不时地回荡在我耳边:"大雁长大了就要离开自己的妈妈,自由自在地翱翔于天空,去寻找自己的美好生活,你要向大雁学习呢!"我反复咀嚼着妈妈说的话,多有道理呀!我想了很久很久……我渴望快点长大,翱翔于广阔的天空之中。

304. 表哥的失误

李洋接着对表哥说:"看,你退瓶时没把皮筋摘下来,那不是扔了2分钱吗?而且一瓶酸奶5角钱,一根皮筋2分钱,你等于丢掉这瓶酸奶的百分之四呀!"

305. 通知书

她焦急地站在信箱前,等待着邮递员,这时传来邮递员嘹亮的声音"来信喽!"她认为这是世界上最动听的声音,因为它为她带来的也许是一份特殊的礼物。她拿到信,迫不及待地打开,她闭上眼睛,屏住呼吸,然后惴惴地睁开眼睛。她的心急速地跳着,当看到"清华"二字时,她高兴得一蹦三尺高,此时此刻她的心情难以平静,心里一遍遍地念着:"我考上了,我考上了,我考上清华了!"接着她又跑呀跑,跑到一片空旷的地方,对着地平线大声地喊,尽管连她自己也不知道自己在喊什么……

306. 节俭的奶奶

一次我好奇地问奶奶："奶奶，这么破的衣服补它干什么？"奶奶听了，放下手中的活，抚摸着我的头说："补补再穿呀，俗话说，生财总自俭中来嘛。"

可是等妈妈一上班，奶奶就连忙起来了，不但把衣服洗得干干净净，而且还把已经破了的地方补得平平整整，一双手说什么也闲不住。

307. 辛劳的爸爸

爸爸为了赶制晒席，经常做工到深夜。我想，爸爸长期这样熬下去，身体会垮下来的。想到这里，我便下了床，来到爸爸跟前。只见爸爸满头大汗，正聚精会神地工作着。他用菌刀把竹子破成四片，用卡子卡进竹子里，最后用刀背使劲捶卡子，"叽叽叽"，这声音真像放鞭炮似的。不一会儿，一根竹子就变成了十几条篾子了，爸爸手艺是多么高超！"您怎么还不睡，爸爸？"我问他。他只是随口答应我："你去睡吧！"我真不想离开爸爸，可又说服不了他，只好站在一边呆呆地看着。他那灵巧的手在篾子上拉来拉去。篾子和他是老交情了，一点儿也不割他的手。要是我去做，那篾子一定不会认我呢。

308. 爱读书的哥哥

亮看书呢！他发现了我，双手摆动着，用恳求的目光看着我，好像对我说："我的弟弟，千万别告诉妈妈……"看到这个情景，我被哥哥这种酷爱读书的精神感动了，呆呆地望着他，半晌说不出话来。

309. "偷瓜贼"

我们正在看萤火虫，忽然，棚外的狗"汪汪"直叫，我不以为然，只管自己逗乐。小狗还是不停地叫着，我这才警觉了起来，打开手电筒，从蚊帐中探出半个脑袋，大喝一声："谁?"不见人影，于是又一头钻了进去。但只几分钟，又听到了"沙沙"的声音，来回好几次，可总不见人影。这下，弟弟惊慌了起来，声音颤抖着："哥，是不是鬼作怪啊?""别胡说，现在你还信鬼。"我壮了壮胆，可心里却像挂着十五只吊桶——七上八下。这时瓜田里又是"沙沙"作响，我透过蚊帐，借着月光，发现田里有几个鬼鬼祟祟的黑影在移动，我马上联想到了"偷瓜贼"，虽然有点儿心发慌腿发软，但还是硬着头皮，抄起手电筒，朝黑影照过去，声音发颤地喊道："谁，干什么的? 站住! 不然，我就开枪了!""哈哈哈"! 随着一阵笑声出现了几个人影。原来是我的几个小伙伴，知道我在看瓜，存心来吓唬一下。真是虚惊一场!

310. 班长丹凌

别看丹凌是班长，脑瓜灵，可划这玩意儿她可没我在行。

"七七七，"不用说，我赢了。她只得涨红了脸，用普通话喊道："晚报，晚报。"可是，天啊! 那声音恐怕除了我再没有第二个人能听见了。丹凌喊完立刻拍着手对我说："这下可轮到你了!"轮到我就轮到我，怕什么? 但一颗心却"咚咚"直跳，我嘴张了好几次，怎的，竟发不出一点声音! 我真恼自己，丹凌又一个劲地催我，不容我再犹豫，我把脚一跺，使出全身的力气，喊起来："晚报，晚报，请看《作家们在想什么》，请看《贵阳十佳运动员评选揭晓》!"喊完以后，我的脸上火辣辣的，掏出手绢擦了一把汗珠，这第一声总算喊出来了！

311. 爱讲故事的爷爷

爷爷虽然年纪一大把，但他的性格豪爽、风趣。课外时间，爷爷常常讲故事给大家听。一天下午，爷爷给大家讲"饿汉吃饼"的故事，他又是打手势，又是耍花腔，逗得同学大笑不止。讲到最后，他学着饿汉的声调懊悔地说："我今天吃饱，完全是这半个饼的作用，前面吃的那6个大饼，都白白地浪费了。"他那幽默的声调，活像舞台上的相声演员在表演，给同学们留下了深刻的印象。爷爷告诉大家："通过听故事，我们要懂得：无论做什么事情都要打好基础，不打好基础，后面的事情就办不好。你们说对吗？"同学们齐声回答："对，那饿汉的言行是十分可笑的！"

312. 蒙泰尼里的声音

蒙泰尼里的声音很低，却圆润、响亮，音调像银子般纯净，因而使他的谈话具有一种特殊的魅力。这是一个天生演说家的富有抑扬顿挫的声音。当他跟亚瑟说话时，语调中老是含着一种抚爱。

米沙叔叔的声调很轻柔，就象汩汩不断的和晶莹清亮的、千百年来一直往外喷着清洁的冷水的地下泉眼一样。

……从这嘴里发出的声音，虽然沙哑，却是十分有力，十分响亮。……这声音叫人联想到装了铁条的运货马车经过崎岖不平的道路时，铁条发出的叮当声；哈尔洛夫说起话来，就象在狂风中隔着一条宽阔的山谷对什么人在大声呼喊。

里边那个高大壮实的汉子是高舰长，他是有名的"汽笛嗓子"，喊一声，炸雷一样，指挥台得嗡嗡半天。

"找京胡来！将军要调子高的！"水兵们兴奋地差不多同时重复叫喊，热烈欢乐的声音汇成一股巨大的声浪，冲破夜空，久久地在海面上回荡……

313. 我的伯父鲁迅先生

"先生，"他那灰白的抽动着的嘴唇里了出低微的声音，"没留心，踩在碎玻璃上，玻璃片插进脚底了。痛得厉害，回不了家啦！"爸爸跑到伯父家里，不一会儿，就跟伯父拿了药和纱布出来。他们把那个拉车的扶上车子，一个蹲着，一个半跪着，爸爸拿镊子给那个拉车的夹出碎玻璃片，伯父拿硼酸水给他洗干净。他们又给他敷上药，扎好绷带。

拉车的感激地说："我家离这儿不远，这就可以支持着回家了。两位好心的先生，我真不知道怎么谢你们！"伯父又掏出一些钱来给他，叫他在家里休养几天，把剩下的药和绷带也给了他。……伯父和爸爸回来的时候，我就问他们。伯父的回答我现在记不清了，只记得他的话委婉深奥，不容易懂。我抬起头来，要求他给我详细地解说。这时候，我清清楚楚地看见，而且现在也清清楚楚地记得，他的脸上不再有那种慈祥的愉快地表情了，变得那么严肃。他没有回答我，只把他枯瘦的手按在我的头上，半天没有动，最后深深地叹了一口气。

314. 屠户的语言

范进将这银子交与浑家打开看，一封一封雪白的细丝锭子，即便包了两锭，叫胡屠户进来，递与他道："方才费老爹的心，拿了五千钱来。这六两多银子，老爹拿了去。"屠户把银子攥在手里紧紧的，把拳头舒过来，道："这个，你且收着。我原是贺你的，怎好又拿了回去?"范进道:"眼见得我这里还有这几两银子,若用完了,再来问老爹讨来用。"屠户连忙把拳头缩了回去,往腰里揣。

胡屠户上前道:"贤婿老爷!方才不是我敢大胆,是你老太太的主意,央我来劝你的。"邻居一个人道:"胡老爷方才这个嘴巴打的亲切,少顷范老爷洗脸,还要洗下半盆猪油来!"又一个道:"老爹,你这手明日杀不得猪了。"胡屠户道:"我哪里还杀猪!有我这贤婿老爷,还怕后半世靠不著么?……"说罢,哈哈大笑。

315. 妈妈教我骑车

开始时,妈妈扶着车把,让我慢慢地往前蹬。过了一会儿,妈妈看我开始入门,她就让我自己扶车把,她改在后面推。渐渐地,我开始掌握要领,骑的速度也渐渐加快了,妈妈跟着我小跑着。后来,妈妈对我说:"不用我推了,你自己试试吧!"我能行吗?望着妈妈头上的汗水和充满鼓励的目光,我点了点头。

316. 背影

我说道,"爸爸,你走吧。"他往车外看了看,说,"我买几个橘子去。你就在此地,不要走动。"我看那边月台的栅栏外有几个卖东西的等着顾客。走到那边月台,须穿过铁道,须跳下去又爬上去。父亲是一个胖子,走过去自然要费事些。

我本来要去的,他不肯,只好让他去。我看见他戴着黑布小帽,穿著黑布大马褂,深青布棉袍,蹒跚地走到铁道边,慢慢探身下去,尚不大难。可是他穿过铁道,要爬上那边月台,就不容易了。他用两手攀着上面,两脚再向上缩;他肥胖的身子向左微倾,显出努力的样子,这时我看见他的背影,我的泪很快地流下来了。我赶紧拭干了泪。

怕他看见，也怕别人看见。我再向外看时，他已抱了朱红的橘子往回走了。过铁道时，他先将橘子散放在地上，自己慢慢爬下，再抱起橘子走。到这边时，我赶紧去搀他。他和我走到车上，将橘子一股脑儿放在我的皮大衣上。于是扑扑衣上的泥土，心里很轻松似的，过一会说，"我走了，到那边来信！"我望着他走出去。他走了几步，回过头看见我，说，"进去吧，里边没人。"等他的背影混入来来往往的人里，再找不着了，我便进来坐下，我的眼泪又来了。

317. 抉择

"怎么办呢，该不该上去呢？"唐明贼似地看看四周，比先前更紧张了，两腿在桌底下直发抖。"去，一定得上去，这是最后一个竞选项目了，为了以后同学们能对我另眼相看，我一定要竞选到这劳动委员。……可是……"唐明深深地咽下一口口水，头低得快贴到桌上了，呼吸更急促了。"李华一下来，我就上去……"他这么想。

318. 扣分的同学

同学甲："这位同学，你怎么随便扔垃圾？快捡起来。你是哪个班的，扣你们班的分了。"

同学乙："别别，我就这一次，下次不敢了，这次别扣了。"

同学甲："不行，不遵守学校纪律就要扣分。"

同学乙："你只要这次不扣我的分，我买包零食给你，怎么样？"

同学甲："不行就是不行，如果大家都像你这样咱们的学校不变成垃圾场了吗？"

同学乙："好好说嘛，我下次真的不敢了，我和你班的明明是好朋友。"

同学甲："你还这样，我就给你加倍扣分了。"

同学乙："我下次真的不敢了。"

319. 街上的人

今天，我在大街上看见一个人。他歪着头，双手交叉放在胸前，斜着眼睛，好像瞧不起任何人。走路大摇大摆，还不停地打着饱嗝，一副盛气凌人的样子。看样子是刚从酒店里出来，别人见了都绕着他走。我想：这家伙要么是个土财主，要么是黑道老大，反正不是个好人。

320. 爸爸的花

爸朝我这边走来，我咧着嘴躲在被角里偷偷地笑。"哦，醒了。"爸惊诧的表情让我知道我是多么爱睡懒觉。"嗯，可是老爸，您这花是给我的？"我还是有点狐疑。这一问，爸反倒有点紧张，两只手不停地换着拿花，脸色泛起了红晕，慌乱地点了点头。"昨天还和你妈商量着买什么，后来你妈说你喜欢康乃馨。一大早我就到花店拣了几束新鲜的，只是店主将把它包装得太鲜艳……"爸停住了，他可能真的不习惯这种送花的场合。

第三章

语言写作好句

1. 说话者在前

放学的路上，我对爸爸说："我有两颗心，一颗玩心，一颗学习心。爸爸你喜欢哪颗心？"

同学见了，诧异地说："啊呀，你的手真巧！"

她焦急地问："红红，你家有打印机吗？"

妈妈一进门，就发现新大陆似地大声叫了起来："啊哟，天哪，你这头发怎么搞的？"

我感到小明今天有什么问题，就问他："你是不是有什么事？"

那个"老外"咧嘴笑了，跷起大拇指，说："中国人——OK！"

我一边洗，一边说："妈妈，那你是小天鹅洗衣机啦！"

我说："我不会耽误你太多时间的，再说还有小徐呢！"

不料，话刚出口，他便拒绝说："对不起，我作业还没完成呢。"

　　我被激怒了，严肃地说："这是咱班的黑板报，关系到集体的荣誉!"

　　另一个说："算了，何必呢，大家都是同学，不要强迫嘛!"

　　一个说："得了吧，什么班级荣誉，考上重点中学才是为班级争光呢!"

　　老师的一席话，在我的心窝里添了一把火，浑身都烧得热乎乎的。老校长的每一句话都打动着在场人的心弦，它像惊雷，把人震醒；它像强心剂，使人振奋；它像补药，壮人气力；它像火光，暖人心窝!

　　老师的亲切话语像那清澈的泉水，滋润着我的心田。

　　老师的告诫是让我不断进步，像芝麻开花一样一节更比一节高。

　　老师的这些话，句句打在他的心坎上，仿佛是一场春雨，洒落在一块久旱的田地里，很快渗透了下去。

　　他讲起话来多有劲呀，每一句都像小锤一样敲在我的心上。

　　她的话儿不多，分量却很重，话语里的每个字，都拨响了同学们的心弦。

她就像一部永不生锈的播种机，不断地在孩子们的心田里播下理想和知识的种子。

老师的谆谆教诲，像一股暖流，流进她那早已枯竭的心田。

她大发脾气道："你一个女孩子，不是我看轻你，用秤称一称能有几两重！"

我笑着说："哈，那我们都是家用电器了！"

2. 说话者在中

"小琼，"老师亲切地说，"只要努力，'三好生'的称号还会落在你头上的；不要灰心丧气，机会还有。"

"小英，钱是好东西，"他抚摸着我的头说，"但是人格更值钱，不能只盯着钱丢了人格啊！"

"哼！谁叫你们来的？"二姨冷笑着说，"来偷菜苗的吧？没教养的孩子。"

3. 说话者在后

"有。"小红爽快地答应。

"艺术，就是各种美的集合。"我说。

犹如把一件丢掉的珍宝找到手，他亮起眼睛，一连喊了三声"好！好！好！"

"这这这……"他突然江郎才尽，心慌意乱，舌根子发短了。

他用鼻孔哼一声，说："你是吹糖人儿的出身，口气怪大的。"

她嘴里咕哝着："跳蚤不大，非要顶起被子来不可！"

他一听，忽然哈哈大笑起来，嘲讽地说："哼，真是高山打鼓响（想）得不低。"

他强压怒火说："你小子老鼠舔猫鼻子胆子不小！"

他今天居然也动手干家务活了，真是太阳从西边出来啦！

啧！啧！啧！你说得比唱的还好听。

你有多大本事，敢口出狂言？真是洗脸盆里扎猛子不知深浅！

他皮笑肉不笑地说："老王，你吃炸药啦？喊什么？"

一大串话噼里啪啦像连珠炮一样从她嘴里甩出来，连气都不喘一口。

她红嘴白牙地向我表功，好大的口气，也不怕风吹倒了牙。

芝麻粒儿大的事儿，给他一吹，就会有天那么大。

来到楼梯前，"心肝哟，爬这梯子好不？"奶奶笑呵呵地问。

4. 说话者省略

"放心去吧，那边老师会喜欢你的。"老师用期待的眼光看着我，我又难过又感动。

"您怎么穿这么少就出来了？要是着了凉，我可不负责任！"

"呵，瞧你这小家伙，倒管起你妈妈来了。"

"写字常常揉搓手背，让血液循环好些，就不会生冻疮了。"

"写字时可以脱一会儿右手手套，别的时候尽量不要脱，别让冷风吹着……"

"碰壁?""您怎么会碰壁呢?是不是您走路不小心?"

"人家早跑了,我没功夫多说,Bye－bye!"

"爸爸,动作快点儿,妈妈快回来了!"

"好啦,今天咱们一定让她再吃一惊!"

"你别在我这儿啄木鸟翻跟头,耍花屁股。"

"俗话说:有爱孙猴儿的,就有爱猪八戒的。林子大了,啥鸟都有。"

"常言道:'男儿有泪不轻弹。'你是堂堂的军官,哭得像个娘儿们一样,不害羞?"

"你真是鬼拜花堂死作乐。都这阵了,还满不在乎。"

"咱们是小药铺,存不住你这根大人参。"

"她这人是属手电筒的,光照人家不照自己。"

"别扯淡,一个人能破案?那是大伙干的事,算我的?亏心。"

一个大雨倾盆的日子，这个战士不带雨具，不去坐车，是不是有什么难处？心念一动，他驱车追了上去。"同志，你跑什么？""回部队。"

归途中，我又和那位椒江来的女作家"狭路相逢"了。

饭后，他丢给小连长两句幽默的评语："你们连的汤啊，鸡蛋得用显微镜找，馒头能打坦克。"

"你们对当初的抉择，后悔吗？"我突兀地问，"没有！在这块流淌着多少代军人碧血的热土上，我们找到了施展才干，实现价值的场所。"他们会意地笑着，回答我。

"对，说干就干！"

5. 话语的形容

这声音慢、低、狠，吐出的字像扔出的石头。

话语温柔、恳切，如一股暖流淌入我们的心田。

这真是狗赶鸭子，呱呱叫啊！

他的话像一口敲响了的铜钟，"当啷啷"响在了我的心坎。

他们俩也很想弄个明白，但大权没在手，干着急，只是狗咬刺猬没处下嘴。

这句话就像钩子似的钩住了大家的心弦，算是说到了大家的心坎上了。

这话不软不硬，恰似一根藤条儿，打在他心上。

这些话虽然骂得很轻，却像重锤一般砸在我的心上。

妈妈这句话，像一根火柴，点燃了我心中的希望。

老师的话，如同阳光温暖着我的心。

这姑娘的话如同大地渗出的泉水，清清亮亮，自自然然，没有泡沫，也没有喧哗。

这家伙的话像一股冷风，吹得我心里寒嗖嗖的，牙齿咯咯打颤。

那姑娘的话，钢针似地刺进我的心窝儿。

他这几句话说得重极了，好像掉在地上都能把地砸个坑。

他从来没说过这么多话，今天就像黄河决了口，简直什么也拦挡不住了。

她一个字一个字地、慢慢儿地说着，好像吐出一个字，就有百斤沉重。

她的话条理分明，而且连数字也似一串串珍珠，从口中滚滚而出。

他的话越说越快、越脆，像一挂小炮似的连连地响。

她像机关枪连发一样，非常干脆地一阵讲完了。

他那严肃的口吻，就像在战场上下达命令一样。

他平时话不多，说起来总是慢腾腾的，像钉子钉在木板上似的，一句是一句，没有废话。

他话匣子一开，活像自来水龙头，一拧开就哗哗往外流水。

他的话就像抽不完的蚕丝，越说越多。

这个女人生性泼辣，嘴很厉害，她能将一根稻草讲成金条。

她说起话来唧唧呱呱，一串一串的，像只巧嘴八哥。

　　小姑娘一经鼓励，又活跃起来了，她那花朵般的小嘴巴蛮伶俐的，又呱呱地说开了。

　　这人的嘴巴好像没有笼头的野马，不知道他扯到哪里去了。

　　好家伙，我简直是把他的话篓子都推翻了呢，他说个没完没了的。

　　话一说起来，可就像个线团子似的，老长老长的了。

　　这女人像响嘴鸭子似的，整天呱呱啦啦！

　　她这嘴简直就是老太太纺纱，扯起来就没完没了。

　　她嘴上没把门的，肚子里有什么就说什么。

　　她说起话来噼里啪啦，节奏很快，快人快语快性子。

　　他生性寡言，不善辞令，可一旦敞开语言的闸门，就有股撞倒南墙不回头的气势。

　　他说起话来，像炮筒子一样冲，全是火药味儿。

他说话直来直去，从不拐弯，发起脾气来，一句话能把人砸个跟头。

他嘴里像含着一个热鸡蛋，说话慢吞吞的。

这几句话从她那刀片一样的嘴唇中间吐出来，字字好像带着刀刃。

只要不开口，神仙难下手。如今不管我怎么问，他只回答一句"不知道"。

他很少说话，即使说话，也精选每一个字，好像在草拟电报稿。

我想把那件不幸的事告诉他，可是那些话凝成了冰，重重地堆在肚子里吐不出。

那话说得真绝，叫人无地自容。

第四章

语言写作好词

1. 描写语言

悦耳	低沉	沉闷	清脆	尖利	沙哑 柔和	粗犷洪亮	铿锵
温柔	深沉	委婉	哀婉	洪亮	激昂哀伤	断断续续	柔声柔气
余声袅袅	抑扬顿挫	如泣如诉		铿锵有力	娇声娇气	恶声恶气
声嘶力竭	震耳欲聋	支支吾吾		不堪入耳	绘声绘色	闪烁其词
语言粗俗	众口纷纭	纷纷不一		人多口杂	人多语乱	人多嘴杂
游淡无根	发言盈廷	啧有烦言		口语籍籍	人言籍籍	人言啧啧
同年而语	同日而语	就事论事		大做文章	妄下雌黄	大放厥词
窃窃私议	切切私议	郑人争年		强做解人	自做解人	舌敝耳聋
位卑言高	雄辞阂辩	慨乎言之		沸沸扬扬	谈天说地	谈古论今
谈今论古	谈今说古	谈空说有		谈山海经	讲古谈今	讲古论今
说古道今	说东道西	说清道白		说鬼谈禅	说三道四	说七论八
谭天说地	东拉西扯	扯东拉西		闲谈乱扯	南朝北国	海阔天空
摆龙门阵	闲聊家常	围炉话旧		慢慢相叙	群居终日	谈笑风生
谈笑不止	谈笑自若	谈笑而道		说说笑笑	有说有笑	边说边笑
边笑边说	握手谈笑	高声谈笑		叽叽咯咯	笑语满堂	笑语喧哗
笑语欢声	笑语不断	欢声笑语		欢歌笑语	歌声笑语	人声笑语
淫声笑语	谐谈笑语	插嘴截舌		插言截舌	插言接舌	拦腰插言
截言插语	就势插言	不容置喙		多嘴多舌	直言不讳	直言无隐
直言切谏	直言相告	直抒己见		直抒胸臆	直截了当	简洁了当
脱口而出	冲口而出	信口而出		和盘托出	开门见山	心直口快
快嘴快舌	快言快语	快语惊人		昌言无忌	仗义执言	毫不讳言
无可讳言	毋庸讳言	蹇蹇谔谔		能说会道	能说善道	能说惯道
能言会道	能说善讲	能言善辩		善于说话	开朗健谈	百谈不厌
滔滔不绝	经久不倦	谈锋甚健		熟练流利	毫无滞碍	口齿伶俐

口齿犀利	口齿清楚	口舌似剑	口若悬河	口似悬河	口角生风
口吐莲花	口才出众	口才颇佳	嘴皮麻利	嘴头口快	伶牙俐齿
俐牙伶齿	快嘴利齿	尖嘴利舌	巧舌如簧	三寸之舌	利口捷给
喙长三尺	全凭巧嘴	舌尖口快	谈吐不凡	谈吐出众	谈吐不俗
谈吐优雅	谈吐文雅	吐属不凡	说话流利	说活流畅	语言健谈
语惊四座	话语如流	出言有章	十分健谈	辩才无碍	才辩无双
捷敏辩给	巧发奇中	常屈座人	下阪走丸	振振有词	娓娓动听
嘘枯吹生	低声细语	低声絮语	低声慢语	低声泪语	低自噪语
低语缠绵	低语交谈	低声议论	悄声密语	悄悄耳语	悄悄私语
悄语低言	悄声交谈	悄悄嘀咕	小声细语	小声喊喳	低头细语
交头接耳	贴颈耳语	贴耳悄声	附耳低语	悄声低言	嗫嚅低语
喁喁低语	喃喃低语	喃喃细语	窃窃泣请	细语低声	叽叽咕咕
聒聒不休	喋喋不休	呶呶不休	哓哓不休	刺刺不休	喋喋不已
强聒不舍	念叨不止	一口三舌	百舌之声	酒入舌出	丰干饶舌
磨嘴皮子	要嘴皮子	言语周遮	数黄道黑	哩哩罗罗	说话罗唆
多费口舌	说话絮叨	独自啰嗦	摇唇鼓舌	摇唇轻吻	播唇弄舌
摇笔弄舌	鼓舌掀簧	鼓舌摇唇	鼓唇弄舌	鼓唇咋舌	花言巧语
巧语如簧	花说柳说	劝眉说眼	掉弄舌头	卖弄舌口	卖弄口才
哗众取宠	夸大其词	夸诞大言	大胆海口	过甚其词	过甚其辞
言过其实	大而无当	极会夸张	夸张过分	夸口乱说	筛锣擂鼓
擂鼓筛锣	河汉斯言	河汉吾言	河汉予言	显示自己	夸奖自己
夸耀本领	夸耀自己	拼命夸耀	语言浮夸	夸大成绩	夸大缺点
猛吹狂饮	瞎胡吹嘘	吹牛拍马	专会说嘴	要嘴皮子	卖弄口才
口出狂言	大田不惭	天花乱坠	乱坠天花	走花溜水	不矜不伐
伐功矜能	吹吹嘘嘘	自卖自夸	自诩其能	自吹自擂	大吹不擂
大吹法螺	吹嘘自己	美化自己	标榜自己	树碑立传	弥天大谎
瞒天大谎	漫天大谎	一屁两谎	当面说谎	谎话连篇	全是谎言

175

欺人之谈　骗人鬼话　不实之辞　无耻谰言　谎言蜚语　胡说八道
胡说白道　胡说乱道　胡言乱道　胡诌八扯　胡诌瞎扯　胡诌日咧
胡诌乱唱　胡扯乱说　胡扯八道　胡吹乱诌　胡言乱语　胡编乱诌
胡编乱造　信口开河　信口开唱　信口胡言　信口胡诌　信口胡说
信口胡云　信口雌黄　随口瞎说　妄口巴舌　枉口拔舌　满嘴胡说
瞎说几道　瞎说八道　瞎说白道　瞎说一气　瞎扯一气　乱说一气
乱扯一阵　混说八道　东拉西扯　西拉闲谈　歪拐邪拉　不切实际
不着边际　没有根据　毫无根据　毫无边际　毫无中心　天南地北
言语离奇　只说胡话　一派胡言　大放厥词　海外奇谈　妄言妄语
一簧两舌　巴三览四　呓语连天　鬼话连篇　疯话连篇　酒后狂言
梦中说梦　梦中呓语　白日说梦　痴人说梦　风言风语　风言雾语
风言影雨　空话连篇　空发议论　空口白活　空谈快意　空费词说
空洞无物　空头支票　纸上谈兵　河汉斯言　浮语虚辞　浮文巧语
坐而论道　迂阔之论　徒托空言　促读父书　凿空立论　虚论高议
虚费词说　光说不做　谈吐诙谐　谈吐幽默　诙谐幽默　说话诙谐
说话风趣　言谈风趣　口谐辞给　妙语连珠　幽默诙谐　有益趣谈
风趣横生　表演滑稽　戏很逗艰　引人发笑　很招笑儿　很逗趣地
挺逗乐儿　含糊其间　含糊其辞　含混不清　含混躲闪　闪烁其词
隐约其词　隐约其辞　支吾其词　支吾其辞　支吾搪塞　模棱两可
隐晦曲折　说话糊涂　说话不清　吐词不清　说话吞吐　一味支吾
支吾半天　吭哧半天　半吞半吐　含含糊糊　吞吞吐吐　支支吾吾
唔唔噜噜　遮遮掩掩　满口应承　满口答应

2．描写对话

陈说　数说　劝说　插话　叙述　复述　议论　评论　讲解　谈论
辩论　讲解　讲授　说明　争论　争吵　争辩　辩护　驳斥　诡辩

狡辩　解答　解说　宣读　宣扬　鼓吹　商量　商议　请求　哀求
讲情　劝告　询问　追问　责问　责备　责怪　痛斥　斥责　呵斥
揭发　申诉　解释　宣讲　宣告　宣称　鼓动　讨论　请示　央求
求情　劝解　劝阻　探问　质问　申辩　责骂　指责　声讨　谴责
训斥　控诉　抗议　咒骂　梦话　谎话　空话　辱骂　谩骂　胡说
脏话　谣言　言之有理　头头是道　有条有理　钢铁誓言　豪言壮语
意味深长　话中有话　言外之意　弦外之音　一语双关　老生常谈
空话连篇　鬼话连篇　夸夸其谈　言过其实　破绽百出　捕风捉影
信口开河　大吹大擂　泛泛而谈　轻描淡写　纸上谈兵　胡说八道
奇谈怪论　冷言冷语　冷嘲热讽　含沙射影　指桑骂槐　指鸡骂狗
无中生有　出口伤人　言语粗鲁

3. 表达

不可名状　不可言状　沉默寡言　耳熟能详　姑妄听之　姑妄言之
骨鲠在喉　挂一漏万　有口难言　讳莫如深　有口无心　秘而不宣
妙不可言　莫可名状　片言只字　千言万语　三言两语　守口如瓶
无可讳言　无庸讳言　无庸赘述　哑口无言　言归正传　言犹在耳
一面之辞　词不达意　拐弯抹角　含糊其辞　闪烁其词　一锤定音
言不尽意　隐晦曲折　隐约其辞　支吾其词　异口同声　转弯抹角
大声疾呼　沸沸扬扬　和盘托出　意在言外　极而言之　借题发挥
明知故问　念念有词　直截了当　窃窃私议　窃窃私语　如出一口
如出一辙　自言自语　矢口否认　弦外之音　言外之意　一言难尽
一言以蔽之　言之有理　头头是道　有条有理　钢铁誓言　豪言壮语
意味深长　老生常谈　空话连篇　话中有话　言外之意　一语双关
鬼话连篇　夸夸其谈　言过其实　破绽百出　捕风捉影　信口开河
出口伤人　言语粗鲁　大吹大擂　泛泛而谈　轻描淡写　纸上谈兵

胡说八道　　奇谈怪论　　指鸡骂狗　　无中生有　　冷言冷语　　冷嘲热讽
含沙射影　　指桑骂槐

4．语

一言半语　　三言两语　　七言八语　　千言万语　　少言寡语　　轻言细语
轻言慢语　　轻言轻语　　你言我语　　好言好语　　豪言壮语　　绵言细语
软声细语　　甜言美语　　甜言软语　　甜言蜜语　　甘言蜜语　　甘言美语
金言玉语　　明言暗语　　老言古语　　闲言碎语　　闲言淡语　　闲言杂语
闲言闲语　　风言风语　　风言恶语　　风言谰语　　冷言冷语　　冷言恶语
散言碎语　　散言谰语　　流言蜚语　　胡言乱语　　狂言吃语　　泪言媚语
怨言谰语　　恶言恶语　　粗言粗语　　怨言粗语　　脏言臭语　　温言软语
花言巧语　　污言秽语　　怨言咒语　　言词话语　　千声万语　　线丝细语
喁喁细语　　万语千言　　金语玉言　　甘言好辞　　甘言媚语　　长话短说
长话短叙　　简言谰语　　言来语去　　一来二去　　一替一句　　三言二句
七嘴八舌　　言语温和　　语气亲切　　语言含蓄　　出口成章　　言之有理
振振有词　　有条有理　　头头是道　　字字似剑　　句句如刀　　钢铁誓言
言语粗鲁　　语气傲慢　　话中有话　　言外之意　　弦外之音　　无中生有
出口伤人　　大吹大擂　　天花乱坠　　添油加醋　　破绽百出　　言过其实
轻描淡写　　陈词滥调　　淫词怪调　　恶语中伤　　含沙射影　　冷嘲热讽
冷嘲热讽　　句句有骨　　字字带刺　　旁敲侧击　　指鸡骂狗　　指桑说槐
吹五作六　　语带讥讽　　夹枪带棒　　夹枪带棍　　少说为佳　　无话即短
无所不谈　　无话不谈　　无话不唠　　无话不进　　谈兴大增　　谈兴正浓
吐露真情　　谈兴未尽

5. 言

倾吐衷言	口吐美言	心腹之言	和盘托出	津津乐道	慷慨陈词
言必有据	畅所欲言	言无不尽	言犹在耳	言必有中	言不及义
言不尽意	言简意赅	言之无物	言之凿凿	言近指远	言约旨远
言为心声	言不尽意	言不中听	言不由衷	言听计从	言者谆谆
不可名状	不可言状	不可名貌	不可言宣	不堪言状	不谋同辞
不在话下	不赞一辞	不知所云	不根之论	不易之论	一言难尽
一语道破	一语破的	一迭连声	一时戏言	一口咬定	一言九鼎
一言蔽之	出口入耳	出言无状	出口僭言	出口伤人	出言不逊
大言不惭	大言弗作	话里有话	话中有话	话中带刺	巧发其中
搔到痒处	负薪之言	世欲之言	谈今说古	谈空说有	谈山海经
讲古谈今	讲古论今	说古道今	谈天说地	说东道西	说清道白
慢慢相叙	说三道四	说七论八	谭天说地	东拉西扯	扯东拉西
促膝而谈	绵绵长谈	剪烛长谈	彻夜长谈	老生常谈	促膝长谈
秉烛畅谈	通宵畅谈	饮酒畅谈	畅谈一番	交颈相谈	饮茶闲谈
促膝倾谈	互相倾谈	倾心深谈	秉烛夜谈	灯下聚谈	饮酒叙谈
娓娓细谈	慢慢细谈	闲谈乱扯	南朝北国	海阔天空	摆龙门阵
闲聊家常	谈天说地	亲切交谈	热烈交谈	细语交谈	倾心交谈
亲密交谈	悄声交谈	单独交谈	低声交谈	谈吐投机	稍事交谈
娓娓交谈	泛泛而谈	款款而谈	娓娓而谈	接耳交头	侃侃而谈
夸夸而谈	把袂而谈	抵掌而谈	夸夸其谈	无稽之谈	避而不谈
混为一谈	并为一谈	边饮边谈	边酌边叙	相聚夜语	对床夜语
高声谈话	单独谈话	秘密谈话	饮茗叙话	纵横谈论	深谈远叙
细谈慢说	畅叙幽情	尽情欢叙	剪烛西窗	交浅言深	谈诗论文
饮酒谈心	月夜谈心	促膝谈心	絮絮谈心	闲言少叙	有话即长

去梯之言　违心之论　负薪之议 粲花之论　啧有烦言　语焉不详　隐
约其辞　溢于言外　溢于言表　善为说辞　言语道断　莫可名状　口
不应心　讷口少言　片后居要　骨鲠在喉　食骨在喉　膏唇试舌　称
雨道晴　自圆其说　有言在先　有嘴无心　有口无心　总而言之　古
语常言　金舌弊口　口口声声　拉三扯四　欲语常言　谈吐风雅　舌
锋如火　统而言之　要而言之

6. 论

胡乱议论　议论纷纷　议论不休　议论蜂起　议论风生　悄声议论
小声议论　大发议论　乱发议论　妄发议论　交口议论　众议纷纭
异议蜂起　高谈阔论　高声谈论　深谈细论　奇谈怪论　闲谈末论
奇谈末论　高言高论　暗中谈论　平心而论　阔论高谈　抗颜高议
雄辩高谈　高谈雄辩　街谈巷议　街谈巷说　街谈巷言　街谈巷语
街谈市语　言三语四　七言八语　七嘴八舌　评头论足　品头论足
评风论雨　旧调重弹　道古说今　言远合近　说长道短　说这说那
说白道黑　说白道绿　说黄道黑　数白论黄　数黑论黄　数黄道黑
数黄论黑　论黄数黑　众口纷纷　纷纷不一　人多口杂　人多语乱
人多嘴杂　游淡无根　发言盈廷　啧有烦言　口语籍籍　人言籍籍
人言啧啧　同年而语　同日而语　就事论事　大做文章　妄下雌黄
大放厥词　窃窃私议　切切私议　郑人争年　强做解人　自做解人
舌敝耳聋　位卑言高　雄辞阌辩　慨乎言之　沸沸扬扬

7. 快说

插言截舌　插言接舌　拦腰插言　截言插语　就势插言　不容置喙
多嘴多舌　直言不讳　直言无隐　直言切谏　直言相告　直抒己见

直抒胸臆	直截了当	简洁了当	脱口而出	冲口而出	信口而出
和盘托出	开门见山	心直口快	快嘴快舌	快言快语	快语惊人
昌言无忌	仗义执言	毫不讳言	无可讳言	无庸讳言	謇謇谔谔
能说会道	能说善道	能说惯道	能言会道	能说善讲	能言善辩
善于说话	开朗健谈	百谈有厌	滔滔不绝	经久不倦	谈锋甚健
熟练流利	毫无滞碍	口齿伶俐	口齿犀利	口齿清楚	口舌似剑
口若悬河	口如悬河	口似悬河	口角生风	口吐莲花	口才出众
口才颇佳	嘴皮麻利	嘴头口快	伶牙俐齿	俐牙伶齿	快嘴利齿
尖嘴利舌	巧舌如簧	三寸之舌	利口捷给	喙长三尺	全凭巧嘴
舌尖口快	谈吐不凡	谈吐出众	谈吐不俗	谈吐优雅	谈吐文雅
吐属不凡	说话流利	说活流畅	语言健谈	语惊四座	话语如流
出言有章	十分健谈	辩才无碍	才辩无双	捷敏辩给	巧发奇中
常屈座人	振振有词	插嘴截舌			

8. 低语

娓娓动听	嘘枯吹生	低声细语	低声絮语	低声慢语	低声泪语
低自噪语	低语缠绵	低语交谈	低声议论	悄声密语	悄悄耳语
悄悄私语	悄语低言	悄声交谈	悄悄嘀咕	小声细语	小声喊喳
低头细语	交头接耳	贴颈耳语	贴耳悄声	附耳低语	悄声低言
嗳嚅低语	喁喁低语	喃喃低语	喃喃细语	呢喃细语	切切细语
絮絮细语	喁喁私语	窃窃私语	窃窃泣请	细语低声	叽叽咕咕
聒聒不怵	喋喋不休	呶呶不休	哓哓不休	刺刺不休	喋喋不已
强聒不舍					

9. 啰嗦

念叨不止	一口三舌	百舌之声	酒入舌出	丰干饶舌	磨嘴皮子
耍嘴皮子	言语周遮	数黄道黑	哩哩罗罗	说话罗唆	多费口舌
说话絮叨	独自啰嗦	摇唇鼓舌	摇唇轻吻	播唇弄舌	摇笔弄舌
鼓舌掀簧	鼓舌摇唇	鼓唇弄舌	鼓唇咋舌	花言巧语	巧语如簧
花说柳说	劝眉说眼	掉弄舌头	卖弄舌口	卖弄口才	哗众取宠
夸大其词	夸诞大言	大胆海口	过甚其词	过甚其辞	言过其实
大而无当	极会夸张	夸张过分	夸口乱说	筛锣摧鼓	播鼓筛锣
河汉斯言	河汉吾言	河汉予言	显示自己	夸奖自己	夸耀本领
夸耀自己	拼命夸耀	语言浮夸	夸大成绩	夸大缺点	猛吹狂饮
瞎胡吹嘘	吹牛拍马	专会说嘴	耍嘴皮子	卖弄口才	口出狂言
大田不惭	天花乱坠	乱坠天花	走花溜水	不矜不伐	伐功矜能
吹吹嘘嘘	自卖自夸	自诩其能	自吹自播	大吹不擂	大吹法螺
吹嘘自己	美化自己	标榜自己	树碑立传	弥天大谎	瞒天大谎
漫天大谎	一屁两谎	当面说谎	谎话连篇	全是谎言	欺人之谈
骗人鬼话	不实之辞	无耻谰言	谎言蜚语	胡说八道	胡说白道
胡说乱道	胡言乱道	胡诌八扯	胡诌瞎扯	胡诌日咧	胡诌乱唱
胡扯乱说	胡扯八道	胡吹乱诌	胡言乱语	胡编乱诌	胡编乱造
信口开河	信口开唱	信口胡言	信口胡诌	信口胡说	信口胡云
信口雌黄	随口瞎说	妄口巴舌	枉口拔舌	满嘴胡说	瞎说几道
瞎说八道	瞎说白道	瞎说一气	瞎扯一气	乱说一气	乱扯一阵
混说八道	东拉西扯	西拉闲谈	歪拐邪拉	不切实际	不着边际
没有根据	毫无根掘	毫无边际	毫无中心	天南地北	言语离奇
只说胡话	一派胡言	大放厥词	海外奇谈	妄言妄语	一簧两舌
巴三览四	呓语连天	鬼话连篇	疯话连篇	酒后狂言	梦中说梦

梦中呓语	白日说梦	痴人说梦	风言风语	风言雾语	风言影雨
空话连篇	空发议论	空口白活	空谈快意	空费词说	空洞无物
空头支票	纸上谈兵	河汉斯言	浮语虚辞	浮文巧语	坐而论道
迂阔之论	徒托空言	促读父书	凿空立论	虚论高议	虚费词说
光说不做	谈吐诙谐	谈吐幽默	诙谐幽默	说话诙谐	说话风趣
言谈风趣	口谐辞给	妙语连珠	幽默诙谐	有益趣谈	风趣横生
表演滑稽	戏很逗艰	引人发笑	很招笑儿	很逗趣地	挺逗乐儿
含糊其间	含糊其辞	含混不清	含混躲闪	闪烁其词	隐约其词
隐约其辞	支吾其词	支吾其辞	支吾搪塞	模棱两可	隐晦曲折
说话糊涂	说话不清	吐词不清	说话吞吐	一味支吾	支吾半天
吭哧半天	半吞半吐	含含糊糊	吞吞吐吐	支支吾吾	唔唔噜噜
遮遮掩掩	满口应承	满口答应			

10. 问

大声发问	暗自发问	起身发问	连连发问	厉声盘问	连连盘问
仔细盘问	细细询问	开口询问	高声询问	争相询问	再三询问
小声逼问	厉声逼问	接连逼问	严刑逼问	反躬自问	扪心自问
大声喝问	凶狠喝问	严词质问	当面质问	高声质问	厉色质问
大声喊问	眦目怒问	直言直问	明知故问	不耻下问	扭头急问
拷打审问	咧嘴相问	紧声追问	厉声追问	仔细追问	上前追问
立刻追问	急忙追问	紧紧追问	再三追问	反口追问	单独追问
没再追问	左问右问	三问五问	正待要问	问长问短	问寒问暖
问东问西	问来问去	问这问那	问一知十	问道于盲	问个明白
责问对方	追问清楚	追问再三	欲问又止	盘问追究	反问一句
敢问阁下	询问原由	流着脸问	沉下脸问	气哼哼问	不客气问
醉醺醺问	冷笑着问	不闻不问	不便多问	正欲发问	高声问道

厉声问道　悄声问道　轻声问道　扭头问道　冷声问道　不禁问道
仔细地问　冷冷地问　不解地问　轻声地问　冷静地问　沉静地问
平静地问　惊恐地问　恐慌地问　惊惧地问　狡黠地问　高傲地问
忿忿地问　不满地问　急切地问　急促地问　挑逗地问　冷淡地问
质疑问难　插言追罪　寻根问底追根究底　兴师问罪　入境问禁　入
国问禁　姓甚名谁　反唇相讥　则以文义　无人问津

11. 答

轻声回答　悄声回答　大声回答　齐声回答　随口回答　顺嘴回答
照实回答　如实回答　简捷回答　沉痛回答　冷冷回答　慌忙回答
有问必答　自问自答　以笑作答　苦笑作答　含糊笑答　恭敬而答
渔歌互答　巧妙对答　谨慎对答　柔言相答　以问代答　呜咽难答
一对一答　对答如流　应对如流　应答如注　对诗如流　善于应对
应对自如　回答爽快

12. 应

满口应允　一口应允　一口答应　一呼百应　一诺千金　连声应承
应声不迭　高声齐应　连连应着　顺口答道　欣然允诺　诺诺应允
混应滥应　答应侃快　点头赞许　点头应允　哼哈答应

13. 讲

讲得口舌干燥　讲得舌敝唇焦　讲得头头是道　讲得声色并茂
讲得绘声绘色　讲得娓娓动听　谈得自然酣畅　说得楚楚动人
讲得有条有理　讲得漏洞百出　讲得前后矛盾　不能自圆其说

说得人口服心服　说得人五体投地　鞭辟入里的分析　深入浅出地解释　苦口婆心地劝说　好说歹说地开导

14．谈

高谈阔论　谈天说地　天南地北地畅谈　海阔天空地闲谈　无所事事地闲聊　悠闲地交谈　张家长李家短地闲谈着　没完没了地闲扯着　家长里短地闲扯着　无拘无束地谈笑着　任情恣性地说笑着　互相倾谈　促膝谈心　尽情抒怀　倾心深谈　倾诉心曲　畅所欲言地倾谈　开怀畅谈　直抒胸臆地交谈　敞开心扉（肺腑）地交谈　亲切地攀谈　披肝沥胆地恳谈

15．问

困惑不解地问　寻根究底地追问　刨根问底儿　平心静气地问　心平气和地问　彬彬有礼地问　娇羞地轻声问　红着脸羞答答地问　怯怯地问　体贴入微地问　攀肩贴耳地轻声问　似笑非笑地问　挑战似地反问　一叠声地催问　耐着性子问　被问得哑口无言　被问得无言以对

16．答

笑着地回答　镇定自若地回答　泰然自若地回答　面不改色地回答　躲躲闪闪地回答　支支吾吾地回答　含含糊糊地回答　不假思索地回答　应答如流　对答如流　未置可否地应着　含混不清地答应了一声　娓娓动听　高谈阔论　口角生风　侃侃而谈　能言善辩　对答如流　婉转动听　惟妙惟肖　添枝加叶　纵横谈论　辞采华美　津津乐道

唾沫四溅	口若悬河	滔滔不绝	喋喋不休	谈古论今	言近旨远
出口成章	巧言妙语	一诺千金	巧言令色	巧舌如簧	甜言蜜语
有的放矢	不容置疑	唇枪舌剑	夺席谈经	据理力争	聚讼纷纭
力排众议	舌敝唇焦	舌敝耳聋	唇枪舌剑	舌剑唇枪	无可争辩
无可置疑	无庸置疑	无懈可击	振振有词	自圆其说	百口莫辩
不攻自破	不容置喙	不由分说	不足为凭	不足为据	存而不论
言人人殊	街谈巷议	理屈词穷	强词夺理	入室操戈	似是而非
众说纷纭	以子之矛，	攻子之盾	自我解嘲	自相矛盾	莫衷一是
各持己见	各抒己见	各执一词	口若悬河	滔滔不绝	辩才无碍
不假思索	锋芒逼人	喙长三尺	应对如流	侃侃而谈	伶牙俐齿
巧舌如簧	头头是道	脱口而出	娓娓动听	娓娓而谈	下阪走丸
悬河泻水	一五一十	妙语如珠	巧发奇中	情见乎辞	谈言微中
一语道破	微言大义	言必有据	言必有中	言近旨远	一语破的
言为心声	言之成理	言之凿凿	要言不烦	一针见血	掷地作金
石声